Jörg Glauben

Süddeutsche Zeitung Edition

Bibliothek der Köche

Jörg Glauben

Text: Ingo Swoboda
Fotografie: Bernd Grundmann

Süddeutsche Zeitung Edition

Bibliothek der Köche

Sylt
Heiligendamm
Hamburg
Osnabrück
Hameln
Leipzig
Köln
Bergisch Gladbach
Frankfurt am Main
Stromberg
Mainz
Bayreuth
Naurath/Wald
Nürnberg
Zweibrücken
Herxheim
Stuttgart
München
Tegernsee

PFALZ

DIE BIBLIOTHEK DER KÖCHE

1. *Dieter Müller/Nils Henkel* **Bergisches Land**
2. *Johannes King* **Sylt**
3. *Harald Rüssel* **Mosel**
4. *Martin Fauster* **München**
5. *Martin Göschel* **Frankfurt**
6. *Ali Güngörmüs* **Hamburg**
7. *Thomas Kellermann* **Berlin**
8. *Jörg Glauben* **Pfalz**
9. *Eric Menchon* **Köln**
10. *Alexander Herrmann* **Oberfranken**
11. *Frank Buchholz* **Rhein-Main**
12. *Tillmann Hahn* **Mecklenburger Bucht**
13. *Peter Maria Schnurr* **Sachsen**
14. *Bernhard Diers* **Stuttgart**
15. *Michael Fell* **Oberbayern**
16. *Thomas Bühner* **Osnabrücker Land**
17. *Andree Koethe* **Mittelfranken**
18. *Karl-Emil Kuntz* **Mittlerer Oberrhein**
19. *Achim Schwekendiek* **Weserbergland**
20. *Johann Lafer* **Hunsrück**

INHALT

INHALT

Fleisch

INHALT

Dessert

Die prachtvollen Barockbauten der Herzogvorstadt geben einen Eindruck von der Blütezeit der ehemaligen Residenzstadt im Süden der Pfalz

Das Landschloss Fasanerie ist ein kleines Genuss-Imperium mit verschiedenen kulinarischen Angeboten von der bodenständigen Landhausküche bis zur „haute cuisine" im Gourmet-Restaurant „Tschifflick"

Bourgogne
ROUX PÈRE & FILS
ST AUBIN 1 CRU LES
CORTONS 2003
Weiss
Bourgogne
ROUX PÈRE & FILS
ROUX
303
304
L.00
ALLEMAGNE
Joerg Glau

JÖRG GLAUBEN

Savoir Vivre von Kindesbeinen an

Er mag Frankreich als bevorzugtes Urlaubsland, schätzt das „savoir vivre“ der Grande Nation und liebt vor allem ihre Küche in allen Variationen, die Frankreich zwischen der Bretagne und der Côte d'Azur, dem Elsass und der Atlantikküste zu bieten hat. Kein Wunder, denn Jörg Glauben ist in Homburg an der Saar geboren, nur wenige Kilometer von der französischen Grenze entfernt, dort wo sich die Mentalität der Saarländer mit dem „savoir vivre“ des französischen Nachbarn zu vermischen beginnt, dort wo seit eh und je ein reger kultureller und kulinarischer Austausch über die Grenzen hinweg stattfindet und gutes Essen und Trinken auf beiden Seiten mit Passion gepflegt wird. Was das bedeutet, erfährt Glauben schon als Kind. Die Großeltern und Eltern betreiben in Homburg ein Hotel, dazu ein Café und ein Restaurant mit bodenständiger Küche. Gastronomie im vollen Umfang, da bleibt nur wenig Zeit für das private Leben. Dennoch verlebt Jörg Glauben eine unbeschwerte und glückliche Kindheit, bekommt schon früh Einblicke in das geschäftige Treiben der Gastronomie, ihre Arbeitbelastungen für Familie und Mitarbeiter, den Zeitaufwand, der weit über den 8-Stunden-Tag hinausgeht, aber auch für die schönen Seiten, den Kontakt mit den Gästen, die Freude nach einem guten Essen und das sichtliche und spürbare Wohlfühlen der Gäste, wenn es geschmeckt hat. Dass er später selbst einmal diese schönen Seiten seinen Gästen bieten wird, ahnt Glauben noch nicht, über einen Beruf innerhalb der Gastronomie denkt er lange nicht nach. Denn

zunächst steht das Abitur auf dem Programm, dann vielleicht ein Studium der Germanistik. Jörg Glauben verlebt einen Großteil seiner Schulzeit im Internat, genießt die verschworene Gemeinschaft der Gleichaltrigen und blickt heute mit guten Gefühlen auf seine Schulzeit im „Johanneum Homburg".

Kochlehre im Schwarzwald

Doch die familiären Wurzeln lassen ihn nicht ganz los, sind letztendlich stärker als die wagen Aussichten, einmal als Germanist seine Brötchen zu verdienen. Ein Jahr vor dem Abitur entschließt sich Glauben, Koch zu werden. Seine Lehre tritt der frischgebackene Abiturient im Parkhotel Adler an, einem bekannten und renommierten Haus am Fuße der berühmten Adler-Skisprungschanze im idyllischen Schwarzwalddörfchen Hinterzarten. Die ressortartige Anlage mit eigenem Hubschrauberlandeplatz, Privatpark mit kleinem See und Wildgehege war jahrelang das Urlaubsdomizil der Familie, hier kennt sich Jörg Glauben aus und betritt kein Neuland, schließlich kannten ihn alle Mitarbeiter im Hotel als Stammgast. Die Eltern bringen ihn persönlich nach Hinterzarten, vor dem Antritt der Lehre sollen noch ein paar Tage Urlaub gemacht werden. Glauben ist guter Dinge, mit dem Abitur in der Tasche hat er das Gefühl, dass ihm die Welt gehört. Doch dem Lehrling schlägt ein anderer, für ihn unerwarteter Wind entgegen. In der Küche ist kein Platz für persönliche Eitelkeiten, hier herrscht ein strenges Regiment und die Rollen sind klar verteilt. Der Küchenchef, ausgestattet mit hoher Kochmütze und einer langen Schürze, die von einer massiven Kette um den stattlichen Leib gehalten wird, erklärt dem Neuling die Hierarchie

Eine gelungene Symbiose zwischen klassischer Eleganz und edler Ländlichkeit macht die besondere Atmosphäre im Restaurant Tschifflik aus.

in der Küche, an deren Nullpunkt Jörg Glauben seine Lehre beginnt. Doch Glauben ist wissbegierig und ehrgeizig, er weiß um seine Chance, von 30 Köchen, die in der Restaurant-Küche arbeiten, zu lernen, von jedem einzelnen spezielle Kniffe und Tricks zu erfahren, gleichzeitig von einem Küchenchef der alten Schule in die klassische Kochkunst eingeführt zu werden. Schon nach wenigen Tagen darf er direkt am Herd stehen und dem Chef über die Schulter schauen. Jörg Glauben lernt das Koch-Handwerk von der Pike auf, auf dem Speisenplan stehen Klassiker wie Seezunge Colbert und Entrecôte Mirabeau mit dem markanten Sardellengitter und grünen Oliven, die Patisserie glänzt mit flambierten Beerenfrüchten mit Vanilleeis. Doch zwischen Töpfen und Pfannen lernt Glauben auch den Ablauf und die Organisation eines Grand Hotels kennen, in dem zu diesen Zeiten manche Gäste noch Monate bleiben, in luxuriösen Zimmern und Suiten den ganzen Winter oder Sommer verleben. Das Hotel vermittelt das Gefühl einer großen Familie, ist ein Gemeinschaftswerk von Charakteren und Persönlichkeiten, vom Oberkellner bis zum Küchenchef, vom Pagen bis zum Kochlehrling. Für Jörg Glauben werden die zwei Jahre Lehre zur wichtigen Basis seines Berufslebens, gleichzeitig verbindet er mit der Zeit in Hinterzarten viele amüsante Erinnerungen an Kollegen und Freunde inmitten einer erfolgreichen Hotellerie.

Von Durbach nach Frankfurt

Vom Schwarzwald zieht es Jörg Glauben nach der Lehre an die badische Weinstraße. Im Hotel Ritter in Durbach, das damals eines der besten Restaurants in Deutschland besaß, beginnen für den Jungkoch aus dem Saarland noch einmal harte, disziplinierte Zeiten am Herd. Glauben lernt in der straff organisierten Küche vieles über Produktqualität, Zubereitungsmethoden und Garzeiten. Tagelang werden Farcen, Fonds und Saucen angesetzt, Marmelade selbst eingemacht und früh morgens die Gerichte vorbereitet, die abends auf der Speisenkarte stehen. Das Publikum im Ritter ist kulinarisch verwöhnt, das Gourmet-Restaurant ist auch für Franzosen ein lohnendes Ausflugsziel, viele Straßburger fahren abends zum Essen nach Durbach. Einmal im Jahr lädt Senator Burda Freunde und Bekannte zur Herbstjagd nach Durbach, für das ganze Team im Hotel Ritter eine gastliche und kulinarische Herausforderung. Doch Jörg Glauben sieht seine gastronomische Zukunft nicht in Durbach, sondern möchte auf zu neuen Ufern. Die findet er vor den Toren der Mainmetropole Frankfurt im Hotel Gravenbruch. Das Anfang der 1980er Jahre nach umfassenden Umbau- und Erweiterungsmaßnahmen wiedereröffnete Luxushotel im traditionellen Landhausstil und mit hoteleigenem See, wird für mehr als zwei Jahre die Wirkungsstätte von Jörg Glauben. Unter Küchenchef Dieter Biesler, der Präzisionsarbeit am Produkt und feine Saucen besonders schätzt, bekommt Jörg Glauben noch einmal einen Feinschliff, der seine kochende Handschrift bereichert. Küchenchef Biesler sorgt mit seinem freundschaftlichen Führungsstil für gute Stimmung in der Küchencrew, das Restaurant gilt im Rhein-Main-Gebiet als feste kulinarische Bank und erfährt in der Presse höchstes Lob, gekrönt von einem Michelin-Stern. Glauben fühlt sich in Bieslers Küche wohl, steht gerne mit den Kollegen am Herd, bekommt dazu Einblicke in die Bankett-Organisation und macht wichtige Erfahrungen im Catering.

Präzision in der Haute Cuisine: so hält man dem Vergleich mit den Küchen des französischen Nachbarn gut stand.

Wege nach oben

Doch den Saarländer zieht es zurück in die Heimat, in Homburg an der Saar übernimmt er zunächst als Küchenchef das Restaurant „Schweizer Stuben", einige Zeit später bewirtschaftet er gemeinsam mit seinem Bruder Bernd das Restaurant „Le Jardin" in Sankt Ingbert bei Saarbrücken. Das Brüderpaar ergänzt sich hervorragend, während Jörg Glauben mit seiner Kochkunst das Klientel verwöhnt, kümmert sich sein Bruder Bernd im Restaurant um das Wohl der Gäste, der ausgewiesene Weinkenner ist heute Präsident der Sommelier Union Deutschland. Diese ideale Kombination ist auch der Anlass für die Anfrage, die das Gastronomen-Duo Ende der 1980er Jahre erreicht. Sie sollen gemeinsam das „Schloss Berg" in Perl-Nennig, das als Landschulheim diente, wieder mit gastronomischem Leben füllen und sie sagen zu. Jörg Glauben wird Küchendirektor und Hotelchef, doch bevor er an den Herd kann, arbeitet er mit den Innenarchitekten zusammen, um „Schloss Berg" für Gastronomie und Hotellerie einzurichten und auf den Weg zu bringen. Es wird ein erfolgreicher Start, Gäste aus nah und fern kommen nach Perl-Nennig und schon bald strahlt über dem Gourmet-Restaurant der erste Michelin-Stern. Vier Jahre lang bleibt Jörg Glauben im „Schloss Berg", 1993 zieht es ihn ins nahe Luxemburg, mitten in die City des kleinen Großherzogtums. Ein erster Schritt ins benachbarte Ausland, das als ein Dorado für Feinschmecker gilt und das von Köchen und ihren Restaurants nicht nur Qualität, sondern auch Innovation und Kreativität erwartet. Die Latte lag hoch, doch Glauben stellt sich der Herausforderung. Das „Saint Michel" in der Innenstadt avanciert schnell zum Geheimtipp unter den Gourmets, Glaubens Küche gilt als geradlinig und perfekt klassisch mit modernen Inspirationen. Sechs Jahre bleibt Glauben in

Eine wirklich runde Sache und eine Oase der Entspannung ist das besonders geschmackvoll angelegte Schwimmbad.

Luxemburg, erkocht sich im „Saint Michel“ einen Michelin-Stern und hinterlässt eine kulinarische Lücke, als er im Jahre 1999 ins Saarland zurückkehrt.

Fasanerie Zweibrücken

Nur wenige Kilometer von seiner Heimstadt entfernt liegt bei Zweibrücken das „Landschloss Fasanerie“, ein historischer Ort, den Roland Zadra seit 1993 kontinuierlich zu einer empfehlenswerten Hotel- und Restaurant-Adresse gemacht hat. Doch für die höheren Weihen in der Gastronomie fehlt ihm noch der passende Küchenchef, Zadra möchte im „Landschloss Fasanerie“ ein Gourmet-Restaurant eröffnen. Mit Jörg Glauben findet er genau den richtigen Partner, die Chemie zwischen den beiden stimmt auf Anhieb und Glauben sagt dem Angebot zu. Im April 2000 wird nach umfangreichen Umbauten und Erweiterungen des Landschlosses das Gourmet-Restaurant „Tschifflik“ eröffnet. Küchenchef Glauben hat eine kompetente und motivierte Mannschaft zusammengestellt, den hohen Anspruch, den Glauben an sich selbst legt, erwartet er auch von seinen Mitarbeitern. Qualität im Produkt und in der Zubereitung sind für Jörg Glauben mehr als nur eine Verpflichtung gegenüber dem Gast, es ist für den wortwitzigen und eloquenten Spitzenkoch auch eine unabdingbare Frage der Berufsehre. Den Gästen ein lustvolles Tafeln zu bieten, ist denn auch sein primäres Anliegen, dass er in seiner französisch inspirierten und sehr klar und präzise ausgerichteten Küche anbietet, die pointiert geschmackliche Akzente genau dort setzt, wo sie sich einfügen in das perfekte aromatische Gesamtbild. Kartoffelsalat mit Trüffel oder Gänseleber und Rot-

barbe auf Kokos-Currymilchreis mit Röstzwiebeln: Glauben schafft geschmackliche Spannungsfelder, die er mit Bravour auflöst und das vermeintlich Einfache mit dem vermeintlichen Luxusprodukt so zusammenführt, als hätte es nie etwas anderes als diese Kombination gegeben. Mittlerweile gehört das „Tschifflik" zu den renommierten Gourmet-Restaurants Deutschlands, viele Stammgäste kommen aus dem nahen Frankreich ins „Landschloss Fasanerie", wenn sie mal wieder richtig französisch essen wollen. Für Jörg Glauben und seine Küche ist das das schönste Kompliment, der frankophile Koch aus Homburg an der Saar hat sein persönliches Frankreich auch am Herd entdeckt und seinen Entschluss, statt Germanist doch Koch zu werden, keinen Tag bereut. Die Urlaubsreisen mit Frau und Tochter Sarah führen natürlich kreuz und quer durch das Nachbarland, immer auf der Suche nach kulinarischen Inspirationen und erstklassigen Produkten, die Glauben für seine Küche verwenden kann. Der Koch und Mensch Jörg Glauben sammelt Eindrücke, aufmerksam und gleichsam behutsam, Eindrücke aus der Natur und aus dem Leben, das für ihn am liebsten mit dem Motto „savoir vivre" in Verbindung zu bringen ist. Wer Spaß am Leben hat, hat auch Spaß am Kochen und Essen, alles steht für Jörg Glauben in einem unmittelbaren Zusammenhang, aus der die Leidenschaft erwächst, die fürs Leben ebenso notwendig ist, wie fürs Kochen und Essen. In seiner wenigen Freizeit blättert er im Kochbuch des französischen Meisterkochs Auguste Escoffier, der mit seiner Kunst die Kochwelt vor rund 100 Jahren revolutionierte und neue Maßstäbe in Küche und Restaurant setzte. Für Glauben sind die Klassiker nicht nur Inspiration, sondern auch ein spannender Blick zurück in eine Geschmackswelt, die modern interpretiert und modifiziert, auch heute wieder aktuell ist.

Süße Kunstwerke der Patisserie als Krönung eines Spazierganges des guten Geschmacks durch die Küchenkreationen von Jörg Glauben.

Die Tradition des „Zweibrücker Pferdes", das zu den Wahrzeichen der Stadt gehört, geht auf Herzog Christian zurück, der Mitte des 18. Jahrhunderts mit der gezielten Pferdezucht beginnt

Joerg Gruber

FASANERIE

Wildrosen
– garten
1975

Zweibrücken in der Pfalz

Wer an die Stadt Zweibrücken denkt, dem kommt meistens spontan auch das Saarland in den Sinn, doch diese geographische Einordnung in das kleine Bundesland ist falsch. Zweibrücken gehört, trotz der phonetischen Ähnlichkeit und der Nähe zu Saarbrücken, zu Rheinland-Pfalz und ist sozusagen der südwestliche Pfälzer Zipfel des Bundeslandes, angrenzend ans Saarland und in unmittelbarer Nachbarschaft zur französischen Grenze. Eine Stadt, etwas abseits der üblichen Touristenrouten gelegen, fast ein wenig versteckt und in ihrer historischen Bedeutung in weiten Kreisen unbekannt, kann Zweibrücken dennoch auf eine bewegte Vergangenheit zurückblicken. Die Spuren führen zurück bis ins Mittelalter, als die Grafen von Saarbrücken in einer Fluss-Schleife des Schwarzbaches eine Burg bauen lassen, in die man über zwei Brücken gelangen konnte und in deren Schutz eine Siedlung entsteht, die bald Zweibrücken genannt wird. Als der letzte Zweibrücker Graf Burg und Stadt an die Kurpfalz verkauft und verpfändet, geht die ehemalige Grafschaft Anfang des 15. Jahrhunderts im Herzogtum Pfalz-Zweibrücken auf. Als neue Haupt- und Residenzstadt nimmt Zweibrücken einen raschen Aufschwung, Handel und Handwerk blühen und nach und nach entsteht ein stolzes Bürgertum. Um die Wende vom 15. zum 16. Jahrhundert lässt Herzog Alexander die erste Stadtkirche erbauen, in der Johann Schwebel bereits 1523 für die Reformation eintritt, die im Herzogtum Zweibrücken als einem der ersten deutschen Fürstentümer eingeführt wird.

Erst der 30-jährige Krieg unterbricht die erste Blütezeit Zweibrückens. Während die Stadt einem ersten Angriff der kaiserlichen Truppen erfolgreich Widerstand leisten kann, wird sie im zweiten Anlauf erobert und verwüstet. Auch in den anschließenden Reunionskriegen Frankreichs unter dem Sonnenkönig Ludwig XIV. wird Zweibrücken stark in Mitleidenschaft gezogen und bleibt bis zum Ende des 17. Jahrhunderts von französischen Truppen besetzt. Danach fällt das Herzogtum durch Erbfolge an das Königreich Schweden, deren Regenten aus dem Hause Pfalz-Zweibrücken stammen und gleichzeitig Herzöge von Zweibrücken und Könige von Schweden sind. Die Schweden lassen die Stadt wieder aufbauen, vor dem oberen Stadttor entsteht eine neue Siedlung für die schwedischen Verwaltungsbeamten. Aus dieser Zeit stammt auch die Karlskirche, die ihren Namen vom Schwedenkönig Karl XII., dem „Löwen des Nordens", bekommt. In den Jahren 1720 bis 1725 wird in Zweibrücken ein neues Schloss errichtet, ein weitläufiger Prachtbau, der 1945 bei einem Luftangriff zerstört und nach dem Krieg nach Originalplänen wieder aufgebaut wird. Heute dient das repräsentative Gebäude als Sitz des Oberlandesgerichts für die Pfalz. Doch seine architektonische Blütezeit erlebt die Stadt unter Herzog Christian IV., der kunstsinnige Fürst prägt mit seinen Bauten das städtebauliche Gesicht der Herzogsstadt und verhilft ihr damit zum kulturellen und wirtschaftlichen Aufstieg. Erst als der letzte regierende Herzog von Zweibrücken vor der anrückenden französischen Revolutionsarmee nach Mannheim fliehen muss, verschwindet das kleine Herzogtum für immer im Dunkel der Geschichte und seine prächtigen Bauten gehen symbolträchtig in Flammen auf.

Rosenstadt Zweibrücken

Von den Schlägen der Geschichte hat sich Zweibrücken längst erholt, auch wenn nur noch wenige historische Gebäude an die glorreiche Vergangenheit erinnern. Heute ist Zweibrücken vor allem als „Deutschlands Rosen- und Pferdestadt" bekannt. Bereits im Jahre 1914 wurde auf dem Gelände der ehemaligen herzoglichen Hofgärten der Zweibrücker Rosengarten angelegt, eine grüne Oase inmitten der Stadt, die zum Wahrzeichen und Anziehungspunkt für Gartenfreunde aus aller Welt geworden ist. Für die Königin der Blumen wurde hier der Hofstaat gepflanzt, über 60 000 Rosen in mehr als 2000 verschiedenen Arten und Sorten blühen und gedeihen in einer stilvoll gestalteten Umgebung von Gehölzen und Blumenbeeten, Teichen und Weihern. Im Laufe der Jahre wurde die Parkanlage mehrfach erweitert und umgestaltet, die gelungene Symbiose aus Nostalgie und moderner neuzeitlicher Architektur machen den unverwechselbaren Charme der Parkanlage aus, unzählige Frühjahrsblüher, Bäume, Sträucher, Gräser, Sommer- und Herbstflor, Pavillons, Brunnen und Skulpturen lassen den Zweibrücker Rosengarten zu einem eindrucksvollen Natur-Erlebnis werden.

Doch der Kulturpark „Europas Rosengarten" ist nicht nur ein botanischer Garten, sondern auch Schauplatz zahlreicher kultureller Veranstaltungen. Jeden Sonntag von Mai bis September finden hier die Rosengarten-Konzerte unter freiem Himmel statt, dazu ziehen zahlreiche Sonderveranstaltungen wie Picknick im Park,

Brüderlichkeit, Toleranz
verewigt im Straßenpflaster der Stadt:
neben anderen Tugenden auch
die der französischen Revolution

Nicht unbedingt vom Wochenmarkt, aber unbedingt tagesfrisch sind die Produkte, die den Weg in die Küche von Jörg Glauben finden.

Klassik Open-Air, Freilicht-Theater und das Fest der 1000 Lichter tausende von Besuchern nach Zweibrücken. Für sehbehinderte Menschen wurde eigens der „Garten der Sinne" angelegt, der auch allen anderen Besuchern ein besonderes Gefühl für Blumen und Pflanzen vermittelt.

Pferdestadt Zweibrücken

Neben den Rosen sind es seit rund 250 Jahren die Pferde, die zum Wahrzeichen Zweibrückens gehören. In unmittelbarer Nähe des Rosengartens liegen das Landgestüt und die Rennwiese, Schauplatz zahlreicher Veranstaltungen rund ums Pferd. Die Tradition des „Zweibrücker Pferdes" geht auf Herzog Christian IV. zurück, der Mitte des 18. Jahrhunderts mit der gezielten Pferdezucht beginnt. Schon bald entstehen in Zweibrücken die ersten so genannten Reithäuser, in denen auch Vorführungen abgehalten werden. Doch der bewegte Lauf der Geschichte macht auch vor dem Landgestüt des Herzogs nicht Halt, glanzvolle Zeiten wechseln sich mit Niederlagen ab, mehrfach müssen die Pferde in Kriegszeiten evakuiert und anschließend zurückgekauft werden, zweimal werden die Gestütsgebäude zerstört und anschließend wieder aufgebaut. Die Pferdezucht überlebt alle Rückschläge und hat sich über alle Stürme der Geschichte hinweg bewährt. Unter bayerischer Herrschaft war der „Zweibrücker" unersetzlich für den Ausbau der Landwirtschaft, heute sind die Pferde aus dem Landgestüt Zweibrücken aus dem Reit- und Fahrsport nicht mehr wegzudenken.

Die Fasanerie

Nicht wegzudenken aus dem kulinarischen Leben der Stadt ist das Romantik-Hotel „Landschloss Fasanerie", nur wenige Kilometer vom Stadtzentrum entfernt mitten im Wald gelegen. Seine Geschichte führt zurück in die schwedische Ära Zweibrückens, als König Karl XII. dem unglücklichen Polenkönig und Widersacher August des Starken, Stanislaus Leszczynskin Zuflucht in der Stadt gewährt. Da das Stadtschloss keine geeignete Unterkunft für den vertriebenen Monarchen bot, lässt sich Stanislaus unweit Zweibrückens auf dem Gelände eines ehemaligen Lustschlösschen ein „Maison de plaisance" errichten und nennt es, in Erinnerung an seine Jahre in der Türkei, „Tschifflick", was so viel wie Landgut bedeutet. Verglichen mit den damals üblichen Palästen ist es eine bescheidene Behausung und verfällt

einstigen Zufluchtsort des Polenkönigs erinnern nur noch die mittlerweile restaurierten Weiheranlagen und Kaskaden der barocken Gartenanlage.

Gaumenfreuden im Grenzland

Neben dem Gourmet-Restaurant „Tschifflick" beherbergt das schick ausstaffierte Romantik-Hotel Fasanerie von Astrid und Roland Zadra ein kleines Genussimperium, für dessen Qualität Küchenchef Jörg Glauben zuständig ist. Im Restaurant der „Orangerie" triumphiert die „Cucina Mediterranea" mit leichten, südlich geprägten Gerichten, im „Landhaus", dessen Mauern zu den ältesten Zeitzeugen des Landschlosses zählen, wird rustikal aufgetischt, herzhafte Spezialitäten aus der Pfalz und dem nahen Frankreich werden an blanken Holztischen serviert, eine unkomplizierte schmackhafte Küche, die sich vor allem aus dem kulinarischen Reservoir des Umlandes bedient. Und das bietet zahlreiche Möglichkeiten für abwechslungsreiche Ausflüge. Was sich dem Reisenden bis zur französischen Grenze auftut, ist eine facettenreiche Landschaft mit dichten Wäldern und fruchtbaren Ebenen.

Kulinarisch geht es im Süden der Pfalz meist herzhaft und deftig zu, die Küche ist bodenständig wie Land und Leute und hat einiges zu bieten: natürlich den legendären Saumagen und die original Pfälzer „Grumbeersupp" (Kartoffelsuppe), Wildbret aus heimischen Wäldern, Schwartenmagen und angemachtes Bratwurstfüllsel, gebackene Blutwurst mit Apfelstuckchen und Käseknöpfle. Dazu bietet die Pfalz mit ihrem relativ milden Klima eine reiche Auswahl an frischem Gemüse, von einfachen Kartoffeln bis zu edlen Spargeln. Eine Renaissance erlebt vor allem der Fisch, neben den Meersfischen

in wenigen Jahren, nachdem Stanislaus Zweibrücken verlassen hat, um Herzog von Lothringen zu werden. Aus dem „Tschifflick" wird zunächst ein großer Fasanengarten, der dem Anwesen seinen heutigen Namen gab, anschließend Weidegelände für das Zweibrücker Gestüt und schließlich lässt die Stadt Zweibrücken Anfang des 20. Jahrhunderts auf dem Gelände ein Ausflugslokal errichten, das sich, mehrfach umgebaut, restauriert und erweitert, heute als „Landschloss Fasanerie" präsentiert. An den

Hier residiert der Hofstaat der Königin der Blumen: 2000 verschiedene Sorten in 600 000 Exemplaren schmücken einen der Anziehungspunkte für Gartenfreunde aus aller Welt, der auch moderne Skulpturen und nostalgische Elemente beherbergt.

haben immer öfter heimische Süßwasserfische wie Bachforelle, Bachsaibling, Schleie, Karpfen, Zander, Barsch, Hecht, Aal, Wels und Stör ihren Platz auf den Küchenzetteln. Bei den Fleischgerichten haben Lamm, Wild und Geflügel das einstmals dominierende Rindfleisch verdrängt. Und natürlich die Weine aus der Pfalz, längst mehr als nur Schoppen-Qualitäten, sondern nationale Spitzengewächse in Rot und Weiß.

Auch im angrenzenden Saarland wird gut gegessen und getrunken, Feinschmeckerei wird im kleinen Bundesland großgeschrieben, auch wenn die traditionelle Küche für schwer arbeitende Bergleute ausgelegt war. Doch die guten Einkaufsmöglichkeiten im nahen Frankreich haben längst einen kulinarischen Grenzverkehr entstehen lassen und deutsche, pfälzische, saarländische und französische Geschmackswelten miteinander vermischt, ohne dabei ihre Wurzeln zu verleugnen. Kein Einheitsbrei, sondern ein neues Genussbewusstsein an der Nahtstelle zwischen germanischer Bodenständigkeit und französischer Phantasie. Das auf den ersten Blick unvereinbar Gegensätzliche hat sich im Schnittpunkt der Kulturen zu einer eigenständigen Lebensart entwickelt, die selbstbewusst Gänsestopfleber, Hummer und frischem Chèvre genauso schätzt wie gebackene Blutwurst, geschmorte Ochsenbacken und das Pfälzer Rumpsteak mit Zwiebeln. Französische Haute Cuisine und traditionelle Regionalgerichte finden sich gemeinsam auf den Speisenkarten der Restaurants und Gasthäuser wieder. Eine in jeder Hinsicht schmackhafte Symbiose, dennoch hat sich das Saarland seine regionalen Klassiker bewahrt und isst liebend gerne „Dibbelabbes“ (ein Kartoffelauflauf mit Speckwürfeln), „Kappes und Grumbeere“ (Weißkraut und Kartoffeln) und die legendären „Gefilde“ (Klöße in Specksauce). Niemals darf dabei die „Lyoner“ fehlen, eine Fleischwurst, deren Rezept ursprünglich aus der französischen Stadt Lyon stammt, wo sie aber Cervelas genannt wird. Lyoner wird im Saarland am liebsten zu „Kerschdscher“, das sind rohe, in heißem Fett geschmorte Kartoffelwürfel, gegessen, aber auch zu warmem Kartoffelsalat oder einfach mit Senf und Weck.

Auch wenn die Region rund um die Stadt Zweibrücken und das „Landschloss Fasanerie“ noch zu den weniger bekannten Landstrichen Europas gehört, für Chefkoch Jörg Glauben ist das Grenzland zwischen Frankreich, der Pfalz und dem Saarland jedenfalls der ideale Ort, um seine Idee einer französisch geprägten Küche mit deutschen Wurzeln, leisen Pfälzer Anklängen und feinem Saarländer Gespür für Kulinarik umzusetzen. Und es ist eine besondere Herausforderung, so nahe an den französischen Kollegen eine Küche anzubieten, die selbstbewusst und leidenschaftlich aus dem langen Schatten der Grand Koch-Nation heraustritt, Profil zeigt und damit die eigenständige Kochkultur in Deutschland unterstützt. Glauben tut dies auf unprätentiöse Art und Weise, routiniert und professionell und in einer Klasse, die das Gourmet-Restaurant „Tschifflick“ im „Landschloss Fasanerie“ zu einer der besten Adressen des Landes macht.

Vorspeisen

Limonen-Grießflammeri mit Kaviar
Tatar vom Rind mit Senfeis gefüllt
Jakobsmuscheln in Haselnussmarinade
Tschiffliks Délice von der Gänseleber
Hummersalat mit Charentais-Melone
Dorade Royale in Limonen-Kräuterwürze

Limonen-Grießflammeri mit Kaviar

und Langustinen

Für 4 Personen

Limonen-Grießflammeri
500 ml Milch
Salz
80 g Hartweizengrieß
3 Blatt Gelatine
1 Limone (Saft und Abrieb)
3 Eiweiß, steif geschlagen

Blumenkohlgelee
150 g Blumenkohl
etwas flüssige Sahne
Salz, Zucker, Muskat
2 Blatt Gelatine

Langustinen
20 Langustinen oder Kaisergranat
Marinade aus Limonensaft
und Olivenöl
Salz, Pfeffer

50 g Tempuramehl
Limonenabrieb
8 kleine Holzspieße
Mehl
Öl zum Frittieren
Öl und Butter zum Braten

Kerbel zum Garnieren

Oliven-Mayonnaise, mit
Langustinenfond parfümiert
Crème fraîche, mit Limonensaft
gewürzt

40 g Kaviar, zum Beispiel Ossietra

1. Die Milch mit etwas Salz aufkochen, den Grieß zugeben und wie für einen klassischen Grießbrei anrühren. Eingeweichte Gelatine zugeben und abkühlen lassen. Mit Limonensaft und Limonenabrieb parfümieren. Das geschlagene Eiweiß unterheben und die Grießmasse in eine mit Folie ausgelegte Form mit ca. 5 cm Kantenhöhe gießen und kalt stellen.

2. Den Blumenkohl in einer Kasserolle mit flüssiger Sahne bedeckt und mit Salz, Zucker und Muskat gewürzt langsam weich garen. Danach pürieren, passieren und mit Gelatine binden. Auf ein mit Folie ausgelegtes Blech mit 1 cm Kantenhöhe gießen und kühl stellen.

3. Von den Langustinen 12 Stück der Länge nach auf einer Klarsichtfolie platzieren, zusammenrollen und auf Alufolie legen. Zu einer Rolle mit ca. 3 cm Durchmesser formen und anfrieren. Die Langustinenrolle in Scheiben schneiden, mit der Limonenmarinade bepinseln, mit Salz und Pfeffer würzen.

4. Das Tempuramehl mit Eiswasser anrühren und mit Limonenabrieb würzen. Die verbliebenen acht Langustinen je auf einen Spieß dressieren und würzen. Vier der Spieße in Öl und Butter braten, die anderen vier in Mehl wenden, in den Tempurateig tauchen und frittieren.

5. Das Grießflammeri mit einem Ausstecher von ca. 5 cm Durchmesser ausstechen, auf einem rechteckigen Teller unten platzieren. Eine Nocke Kaviar von etwa 10 g auf das Flammeri setzen. Das Blumenkohlgelee in 13 x 9 cm große Rechtecke schneiden und diese neben das Flammeri positionieren. Die Langustinenscheiben auf dem Blumenkohlgelee anrichten und mit Kerbel garnieren. Neben den marinierten Langustinen die beiden Saucen anrichten.

Tatar vom Rind mit Senfeis gefüllt

mit Mille Feuille von Roter Bete mit Meerrettichschaum und Kartoffelknusperblatt

1. Das Fleisch in Würfel schneiden, leicht salzen und zuckern. Durch die feine Scheibe des Fleischwolfes geben und mit den angegebenen Zutaten je nach persönlichem Geschmack würzen. Zum Schluss das Öl unterheben, um einen schönen Glanz zu erzielen.

2. Rote Bete mit warmer Gemüsebrühe mixen, mit eingeweichter Gelatine binden und mit Balsamico würzen. Crème fraîche mit dem Gemüsemeerrettich mixen, salzen, zuckern, passieren und mit eingeweichter Gelatine binden. In vier passende Gläser von ca. 80 ml Inhalt das Rote-Bete-Püree etwa 5 mm hoch einfüllen, kalt stellen, dann Meerrettichmasse in der gleichen Höhe einfüllen, erkalten lassen und so schichtweise fortfahren.

3. Für das Senfeis Milch und Crème fraîche mit wenig Zucker und Salz aufkochen, mit den Eigelben zur Rose abziehen und erkalten lassen. Brandy und Senf unterrühren und in der Eismaschine frieren. Mit einem Eisportionierer (kleinste Größe) Kugeln oder mit einem kleinen Löffel Nocken formen und diese ins Tiefkühlfach stellen.

4. Die Kartoffeln in hauchdünne Scheiben schneiden, rund ausstechen, durch flüssige Butter ziehen und rosettenartig auf ein Blech mit Backpapier legen, mit Backpapier und einem zweiten Blech beschweren und im Ofen bei 200 °C knusprig backen. Danach leicht salzen.

5. Die Salatgurke schälen, halbieren und entkernen. In feine Stifte schneiden und etwas Crème fraîche unterrühren und mit Salz, Pfeffer, Zucker und Schnittlauch würzen. Ein passendes Schälchen zur Hälfte mit Tatar füllen, die Kugel Senfeis einlegen, mit restlichem Tatar kuppelförmig bedecken. Zusammen mit dem Rote-Bete-Gelee und dem kleinen Gurkensalat auf einem entsprechenden Teller servieren.

Für 4 Personen

400 g schieres frisches Rinderfleisch ohne Fett, ohne Sehnen, vorzugsweise aus der Hüfte
2 Eigelbe
Salz, Pfeffer, Zucker, Tabasco, Worcestersauce, Ketchup
20 ml Traubenkernöl

Mille Feuille von Roter Bete und Meerrettich
100 g Rote Bete, gekocht und geschält
100 ml Gemüsebrühe
1,5 Blatt Gelatine
alter Balsamico-Essig
150 g Crème fraîche
50 g Gemüsemeerrettich
1 Blatt Gelatine

Senfeis
100 ml Milch
100 ml Crème fraîche
Zucker, Salz
2 Eigelbe
10 ml Brandy
30 g Senf

Kartoffelknusperblätter
2 Kartoffeln
Butter
Salz

Salatgurke
Crème fraîche
Salz, Pfeffer, Zucker, Schnittlauch

Jakobsmuscheln in Haselnussmarinade

mit zweierlei Fenchelgelee

Für 4 Personen

Gelees
(Müssen am Vortag zubereitet werden)
1 Fenchelknolle
250 ml Gemüsefond
Salz und Pfeffer
etwas Zucker
Limonensaft
etwas Crème fraîche und Joghurt
Gelatine

80 g Haselnüsse

12 Jakobsmuscheln
1 EL Haselnussöl
2 EL Olivenöl
Saft von einer ½ Limone
Fleur de Sel und Pfeffer
32 Stangen grüner Thai-Spargel
1 EL Haselnüsse
je ein kleiner Bund Estragon, Fenchelgrün, Schnittlauch und Kerbel

1. Für die Gelees eine geputzte Fenchelknolle in Gemüsefond weich garen, ohne kochen zu lassen. Im Fond erkalten lassen. Die Fenchelknolle aus dem Fond nehmen und diesen beiseite stellen. Die Fenchelknolle fein pürieren, durch ein Sieb streichen und mit Salz, Pfeffer, etwas Zucker, Limonensaft sowie etwas Crème fraîche und Joghurt zu einer homogenen Masse verrühren. Die Gelatine in etwas Fenchelfond auflösen und zu der Masse geben. Auf ein Blech mit ca. 1 mm Rand ausstreichen und gut durchkühlen lassen. Den klaren Fond, in dem die Knolle gekocht wurde, ebenfalls mit Gelatine binden und auf einem Blech mit etwa 1 mm Rand auskühlen lassen.

2. Die Nüsse im Ofen auf einem Blech rösten und dann gleichmäßig hacken.

3. Für die Thai-Spargel die Spargelstangen kurz in Salzwasser blanchieren, die Spitzen zum Garnieren beiseite stellen. Den restlichen Spargel kann man für einen Salat, z.B. mit der Kurkumamayonnaise weiterverwenden.

4. Zum Anrichten pro Person 3 Jakobsmuscheln in dünne Scheiben schneiden und auf einen rechteckigen Teller in einer Linie von links nach rechts anrichten. Mit einer Vinaigrette aus Haselnussöl, Olivenöl und Limonensaft bepinseln, mit Fleur de Sel und Pfeffer würzen. Mit den Spitzen vom Thai-Spargel exakt belegen und mit Haselnüssen bestreuen. Mit Kräutern wie Estragon, Fenchelgrün, Schnittlauch und Kerbel belegen; die Kräuter dienen nicht nur der Optik, sondern auch dem Geschmack! Beide Gelees in etwa 5 mm große Würfel schneiden und eine Sorte oberhalb der Jacobsmuscheln, eine unterhalb exakt nebeneinander anrichten.

Tschiffliks Délice von der Gänseleber

Für 4 Personen

800 g Gänsestopfleber, geputzt, grob gewürfelt

Gänseleberwürzmischung für die Terrine (muss mindestens 3 Tage im Voraus zubereitet werden)
100 g Salz
25 g Pökelsalz
8 g gemahlener weißer Pfeffer
25 g Zucker
2 cl Noilly Prat
3 cl Portwein
1 cl Cognac

Crème brûlée
125 g Gänseleber
1 Ei
2 Eigelb
35 g Butter
35 g Crème fraîche
1 cl Sherry medium
brauner Zucker

Mohrenkopf
50 g Gänseleberterrine (s. oben)
100 ml Portwein
100 ml Johannisbeersaft, rot
20 ml alter Balsamico-Essig
3 Blätter Gelatine
4 kleine Holzspieße

Praliné
50 g Gänseleberterrine
40 g Butter
Salz
Trüffelstreifen

Petit four
Biskuitboden, nur leicht gesüßt
Madeira

1. Von der Gänseleber 125 g für die Crème brûlée reservieren. Die restliche Leber mit 10 g der Gewürzmischung und den Spirituosen marinieren, in einer Terrinenform im Wasserbad bei ca. 60 °C ungefähr 70 Minuten garen.

2. Für die Crème Brûlée alle Zutaten bis auf den Zucker bei Zimmertemperatur mixen, passieren und in kleine Gläser füllen. Im Ofen im Wasserbad bei 60 °C stocken lassen. Kurz vor dem Servieren mit dem braunen Zucker karamellisieren.

3. Für den Mohrenkopf die Gänseleberterrine zu 4 kleinen Kugeln formen. Auf einem Spieß fixieren, kurz in den Tiefkühlschrank stellen. Aus Portwein, Johannisbeersaft, Balsamico und Gelatine ein Gelee herstellen und die Gänseleberkugeln in das gerade noch flüssige Gelee eintauchen, den Vorgang zweimal wiederholen und bis zum Anrichten kühl stellen.

4. Praliné: Die Gänseleber und die Butter in der Küchenmaschine mit etwas Salz fein mixen und in Pralinéformen (gibt es beim Konditor aus Kunststoff) füllen, kalt stellen, später auf etwas Gelee mit Trüffelstreifen platzieren.

5. 2 Scheiben von der Gänseleberterrine von ca. 5 mm Breite schneiden. In einer passenden Form Biskuit auslegen, mit etwas Madeira beträufeln, mit einer Schicht Gänseleber belegen, die zweite Schicht Biskuit wieder mit Madeira beträufelt auflegen, dann wieder Gänseleber und mit Biskuit abschließen. Mit Folie bedecken und über Nacht pressen. Kurz vor dem Anrichten in Petit four-Stücke schneiden.

6. Zum Anrichten alle Komponenten der Gänselebervariation: Terrine, Crème brûlée, Mohrenkopf, Petit four und Praliné, ähnlich wie auf dem Foto, oder auch nach eigenem Geschmack anrichten. Sehr gut schmeckt dazu leicht getoastetes Brioche.

Hummersalat mit Charentais-Melone

und Avocado „Retour des Indes"

Für 4 Personen

Hummersalat
2 Hummer à 600g
3 Liter Court Bouillon (s. unten)
2 Tomaten, enthäutet und entkernt
1 reife Avocado
1 reife Charentais-Melone
1 Limone
2 EL geröstete Pinienkerne
2 EL Kokosgrieß
4 Passionsfrüchte
100 g Olivenöl-Mayonnaise, mit Kurkuma gewürzt
Olivenöl von bester Qualität
Salz, Pfeffer, Zucker

Court Bouillon
Wurzelgemüse
Petersilie
1 Lorbeerblatt
Thymian
Salz, weißer Pfeffer
1 Knoblauchzehe
etwas Weißwein

Olivenöl-Mayonnaise
2 Eigelbe
1 TL Senf
etwas Zitronensaft
Salz, weißer Pfeffer
1 Prise Zucker
½ TL Kurkuma
250 ml Olivenöl von bester Qualität

1. Court Bouillon: Dieser klassische französische Sud zum Garen von Fisch lässt sich einfach herstellen, in dem man das Wurzelgemüse wie Lauch, Sellerie, Karotte, Zwiebeln zusammen mit Petersilie, Lorbeerblatt und Thymian in reichlich Wasser etwa 20 Minuten köcheln lässt. Dann kommen die Gewürze wie Salz, zerstoßener weißer Pfeffer und nach Geschmack auch Knoblauch und Weißwein dazu. Nach weiteren 10 Minuten ist der Sud fertig.

2. Die Hummer in der Court Bouillon 3 Minuten köcheln, dann 5 Minuten ziehen lassen. Aus dem Sud nehmen, 10 Minuten ruhen lassen und dann aus der Karkasse ausbrechen. Die Tomaten häuten und entkernen und wie die Avocado und Melone in kleine Würfel schneiden. Mit den gerösteten Pinienkernen mischen. Salzen, pfeffern, zuckern und mit Olivenöl und Limonensaft kräftig verrühren, bis eine schöne Bindung entsteht. Den Kokosgrieß unterheben.

3. Mit zwei Löffeln Nocken formen und zusammen mit einem halben Hummerschwanz sowie einer Hummerschere pro Person auf einem quadratischen Teller anrichten. Mit der Kurkumamayonnaise und etwas Passionsfruchtmark garnieren.

4. Das Eigelb mit dem Senf, Zitronensaft, Salz, Zucker, Pfeffer und dem Kurkuma glatt rühren. Dann unter ständigem Rühren das Olivenöl erst tropfenweise, später in einem dünnen Strahl einlaufen lassen. Die nicht benötigte Menge lässt sich im Kühlschrank ein paar Tage aufheben und als Sauce zu gebratenem Fisch oder als Dip für rohes Gemüse verwenden.

Dorade Royale in Limonen-Kräuterwürze

mit Kopfsalat-Pesto und geliertem Carbonara-Fumet

1. Die Doraden filetieren und entgräten. Die Doradenfilets roh in dünne Tranchen schneiden und mit den Kopfsalatherzen auf einem Teller anrichten. Mit einer Mischung aus Olivenöl und Limonensaft bepinseln, mit Fleur de Sel und Pfeffer würzen und mit den Kräutern garnieren.

2. Den Parmaschinken in einzelnen Scheiben auf ein Blech legen, mit einem zweiten Blech beschweren, im Ofen bei 100 °C ca. 2 Stunden trocknen und im Mixer pulverisieren.

3. Den Kopfsalat putzen, die kleinen Herzblätter zur Seite legen. Den restlichen Salat kurz blanchieren, in Eiswasser abschrecken und gut ausdrücken. Mit Olivenöl, Pinienkernen, Parmesan, Salz, Pfeffer und einer Prise Zucker zu einem glatten Pesto pürieren.

4. Für das Fumet am Vortag alle Zutaten im Geflügelfond ziehen lassen, mit Gelatine binden, kalt stellen und klein gehackt zusammen mit dem Schinkenpulver und dem Kopfsalat-Pesto je nach persönlichem Geschmack um die Dorade herum platzieren.

Für 4 Personen

Dorade Royale in Limonen-Kräuterwürze
2 Doraden à 700–800 g
2 Limonen
100 ml Olivenöl
blättrige Kräuter wie Kerbel, Estragon, Dill sowie Schnittlauch
Fleur de Sel
12 Scheiben Parmaschinken

Kopfsalat-Pesto
1 Kopfsalat
100 g Parmesan, gerieben
200 ml Olivenöl
50 g Pinienkerne, angeröstet
Salz, Pfeffer
1 Prise Zucker

Carbonara-Fumet (muss am Vortag vorbereitet werden)
300 ml klarer Geflügelfond
50 g Speck geräuchert
1 kleine Zwiebel
6 Blatt Gelatine
1 Schale von 1 Orange

Fisch und Krustentiere

Wolfsbarsch in Orangenpuder
Zanderfilet „à l`Ancienne“ mit Tomaten
Rouget Barbet auf Kokos-Currymilchreis
Seeteufel in 12 Gewürzen geschwenkt
Viennoise vom Steinbutt
Kabeljau in Fenchelwürze

Wolfsbarsch in Orangenpuder gebraten

mit Chorizo-Olivenstreusel und Pimentojus

1. Den Wolfsbarsch salzen, pfeffern und mit dem Orangenpuder parfümieren. Mit Tempuramehl bestäuben und auf der Hautseite anbraten.

2. Aus Mehl und Butter klassische Streusel herstellen. Die Chorizo, Tomaten und Oliven fein würfeln und mit fein gehacktem Thymian in Olivenöl kurz ansautieren und mit den Streuseln vermischen. Noch salzen und pfeffern und auf einem Backblech im Ofen bräunen. Das Fischfilet mit den Streuseln belegen und im Ofen bei Oberhitze fertig garen.

3. Die Paprika und die Chilischote entkernen und die Paprika, den Knoblauch und die Schalotten würfeln. Diese Zutaten in Olivenöl andünsten, mit Portwein, Noilly Prat, Weißwein und Orangensaft ablöschen. Um die Hälfte einkochen, mit Geflügelfond auffüllen, noch mal um die Hälfte reduzieren. Sahne zugeben, leicht sämig einkochen, alles pürieren und passieren. Würzen und mit Butter schaumig aufmixen.

4. Die Spargelstangen knackig blanchieren und in Butter dünsten. Die Scheiben von der Chorizowurst auf ein mit Backpapier belegtes Blech legen und beschweren. Im Ofen bei ca. 120 °C trocknen lassen, bis sie knusprig sind.

5. Den gegarten Fisch auf den Spargel platzieren, mit Chorizoscheibe und Thymian garnieren und mit der Pimentosauce umgießen.

Für 4 Personen

4 Filetstücke vom Wolfsbarsch
(Wildfang bevorzugt)
Salz, Pfeffer
50 g Orangenpuder (siehe Anmerkung)
100 g Tempuramehl
150 g Mehl
150 g Butter
30 g Chorizowurst
10 g getrocknete Tomaten
30 g schwarze Oliven
1 TL Thymian
Olivenöl

Pimentojus
2 gelbe Paprika
1 kleine Chilischote
1 Knoblauchzehe
2 Schalotten
Olivenöl zum Braten
40 ml weißer Portwein
40 ml Noilly Prat
60 ml Weißwein
Saft von 1 Orange
100 ml heller Geflügelfond
100 ml Sahne
60 g Butter

16 dünne grüne Spargelstangen
4 Scheiben Chorizowurst, getrocknet

Anmerkung

Für das Orangenpuder die Schale einer oder, auf Vorrat, auch mehrerer Orangen im Ofen trocknen und pulverisieren.

Zanderfilet „à l`Ancienne“ mit Tomaten

mit Schnecken und Petersilien-Mandelpüree

Für 4 Personen

Zander
4 Zanderfilets à 120 g
Tempuramehl
Salz, Pfeffer
Öl zum Braten

Tomatenconfit
250 g frische Tomaten
250 g getrocknete Tomaten
2 Schalotten
2 Knoblauchzehen
Lorbeer
Thymian
Salz, Pfeffer

Tomatenwürfel
250 ml Tomatenconsommé
1,8 g Agar-Agar

Petersilien-Mandelpüree
1 Bund Blattpetersilie
100 g Mandeln
200 ml Olivenöl, bester Qualität
1 Knoblauchzehe

Schnecken
20 Schnecken (aus der Dose, von bester Qualität)
100 g Butter
1 Schalotte, fein gewürfelt
1 Knoblauchzehe, fein gewürfelt
2 cl Ricard
1 Limette

Spinat
160 g Blattspinat
50 g Butter
1 Schalotte
Muskatnuss

1. Das Zanderfilet würzen, mit Tempuramehl bestäuben, auf der Hautseite knusprig anbraten und im Ofen fertig garen.

2. Aus frischen und getrockneten Tomaten mit Schalotten, Knoblauch und Aromaten ein Confit kochen. Das nicht benötigte Confit lässt sich in einem Glas mit Schraubverschluss einige Tage aufheben.

3. Die Tomatenconsommé aufkochen, mit Agar-Agar binden, auf ein Blech mit 3 cm Kantenhöhe geben und erkalten lassen. In Würfel schneiden.

4. Von der Blattpetersilie etwa zwei Drittel blanchieren, kalt abschrecken, gut ausdrücken. Die Mandeln leicht bräunen und mit der Petersilie, Olivenöl, Salz, Pfeffer und der gewürfelten Knoblauchzehe zu einem feinen Püree mixen.

5. Von den Schnecken 12 Stück mit Butter, fein gewürfelten Schalotten und Knoblauch und der restlichen, in Streifen geschnittenen Petersilie andünsten, salzen, pfeffern und mit Ricard und Limettensaft parfümieren.

6. Den Blattspinat blanchieren. Die restlichen 8 Schnecken klein hacken, mit Butter, gewürfelter Schalotte, Blattspinat, Salz und Muskat andünsten.

7. Das Zanderfilet auf dem Blattspinat anrichten, mit den Schnecken, Tomatengelee und Tomatenconfit umlegen und das Petersilien-Mandelpüree dazu reichen.

Rouget Barbet auf Kokos-Currymilchreis

mit Röstzwiebeln und Erbsenmousseline

1. Die Rotbarben auf der Hautseite mit Tempurapulver bestäuben und in Öl knusprig braten, umdrehen und nur noch ziehen lassen.

2. Die Kokosmilch und die Milch mit Reis, Salz und Chilisauce im Topf kalt ansetzen, langsam köcheln lassen und ca. 20 Minuten garen, dabei immer wieder umrühren. Die Milch sollte vollständig vom Reis aufgenommen worden sein. Das Agar-Agar und die Kokosraspeln zugeben und mit Limettensaft würzen. In ein Gefäß mit ca. 2 cm Randhöhe gießen und kalt stellen. Später in Rechtecke von 3 cm x 7 cm schneiden.

3. Am Vortag die Zwiebelstreifen mit Paprikapulver und Mehl bestäuben, knusprig frittieren, im Ofen trocknen und fein hacken.

4. Die gekochten Erbsen zusammen mit den Kartoffeln und, falls notwendig, etwas Sahne und Butter sehr fein pürieren, durch ein Haarsieb streichen und noch mal aufschlagen. Das Mousseline fein abschmecken.

5. Die Milchreisstücke im Ofen erwärmen, mit einem Spritzbeutel das Erbsenmousseline aufspritzen, darauf die Rotbarben setzen. Mit etwas Kokossauce (auf Basis einer hellen Fischgrundsauce) umgießen und mit Curryöl vollenden.

Für 4 Personen

Rouget Barbet
8 Rotbarbenfilets, entgrätet
40 g Tempura-Teigpulver
Salz, Pfeffer, Öl zum Braten

Kokos-Currymilchreis
200 ml Kokosmilch
100 ml Milch
75 g Milchreis
Salz
2 g Chilisauce
1,5 g Agar-Agar
10 g Kokosraspeln
1 Limette

Röstzwiebeln (müssen am Vortag vorbereitet werden)
2 Zwiebeln, in Streifen geschnitten
Paprikapulver, Mehl

Erbsenmousseline
135 g gekochte grüne Erbsen
65 g gekochte Kartoffeln
Sahne und Butter nach Bedarf
Curryöl

Seeteufel in 12 Gewürzen geschwenkt

mit Kalbsbries, Bouillon Japonais und gebackenem Korianderreis

Für 4 Personen

Seeteufel
300 g Seeteufel

Würzmischung
Muskat, Anis, Curry,
Kurkuma, Piment, Szechuan-Pfeffer
Orangenschale, Cayenne, Kümmel
und Koriander, alles fein gemahlen

Bouillon Japonais
500 ml Geflügelconsommé
(geklärter Geflügelfond)
Ingwerwurzel
3 Halme Zitronengras
3 Zweige Currykraut
1 Lorbeerblatt, frisch
½ Knoblauchzehe
1 TL Sojasauce
Salz, Pfeffer

Meeresbohnen (Passe pierre)
Meeresbohnen
Zuckerschoten
Shitake-Pilze
Estragon

Gebackener Korianderreis
75 g Risottoreis
1 Schalotte
30 ml Olivenöl
50 ml Weißwein
200 ml Geflügelfond
1 Lorbeerblatt, Salz
etwas Koriandergrün
1 blanchierte Chili
1 Eigelb
Frühlingsrollenteig
Öl zum Frittieren

Kalbsbries
ca. 120 g Kalbsbries (Herzstück)
etwas Gemüsefond
Essig
Weißbrot

1. Den Seeteufel mit Salz und der Gewürzmischung einreiben und ca. 1 Stunde marinieren. Den Fisch am Stück in der Pfanne kurz anbraten und dann im Ofen bei ca. 160 °C auf den Punkt, das heißt nicht ganz durch garen. Danach ruhen lassen.

2. Die Geflügelconsommé mit Ingwer, Zitronengras, Currykraut, Lorbeer und Knoblauch erhitzen und ziehen lassen. Mit Soja und etwas Pfeffer, eventuell auch Salz würzen uns passieren. Als Einlage die Meeresbohnen und Zuckerschoten blanchieren und wie die Shiitake-Pilze in Streifen oder Scheiben schneiden, dann in der Bouillon Japonais erhitzen, ohne kochen zu lassen und zum Schluss Estragon zugeben.

3. Aus Risottoreis, Schalottenwürfeln, Olivenöl, Weißwein, Geflügelfond, Lorbeerblatt und Salz einen klassischen Risotto kochen, aber keinen Parmesan zugeben! Den Risotto auskühlen lassen, das Lorbeerblatt entfernen, mit Koriandergrün, roter, blanchierter Chilischote und einem Eigelb vermengen. Den Frühlingsrollenteig in 5 cm breite Bahnen schneiden, diese mit Ei bepinseln und etwas Reis aufsetzen. Zu Dreiecken formen, knusprig ausbacken und als pikante Beilage zum Seeteufel servieren.

4. Das Kalbsbries wärmen, enthäuten und putzen, im Gemüsefond mit etwas Essig kurz pochieren. Dann in gleich große Röschen zupfen. Das Weißbrot entrinden und reiben. Das Bries in Weißbrot panieren und knusprig ausbacken.

5. Den Seeteufel tranchieren und zusammen mit Bouillon und deren Einlagen in einem tiefen Teller anrichten.

Tipp

Herstellung von Consommé aus Geflügelfond: Geflügelfleisch faschieren, Lauchscheiben, gewürfelte Tomaten, Sellerie, eine Schalotte, Knoblauch, Nelke, Lorbeer, Wacholderbeeren und leicht angeschlagene Eiweiße vermengen. Eiswürfel dazugeben und locker unterheben. Alles dem Fond zugeben und unter Rühren aufkochen lassen. Wenn die Klärmasse aufgestiegen ist, 45 Minuten köcheln lassen. Durch ein feines Sieb geben.

Viennoise vom Steinbutt

mit Sauté von Artischocken, Sellerie und Maronen, Gänselebersauce mit Bitterschokolade

Für 4 Personen

Steinbutt
4 Filetstücke vom Steinbutt (wenn möglich, keine Zuchtware) à 120 g
50 g Weißbrot
20 g Brioche
100 g Butter
15 g Parmesan
1 EL Würfel vom schwarzen Trüffel, fein geschnitten
1 TL Thymian
Pfeffer, Salz
1 Thymianzweig
Distelöl

Gänselebersauce
40 ml Noilly Prat
40 ml weißer Portwein
1 Schalotte
50 g heller Geflügelfond
120 g Sahne
40 g Gänseleberterrine
10 g Bitterschokolade
Salz, Pfeffer

Sauté von Artischocken
80 g Artischocken
80 g Maronen
80 g Sellerie
Haselnussöl und Butter
Zucker
Salz, Pfeffer aus der Mühle
alter Balsamico-Essig

50 g Kalbsglace (reduzierter Kalbsfond), mit Trüffeljus verfeinert

1. Für die Herstellung der Kruste wird von Weißbrot und Brioche die Rinde entfernt und beides fein gerieben. Dann die Butter im Topf zerlassen, die Weißbrot- und Briochewürfel und den geriebenen Parmesan einrühren. Die fein geschnittenen Trüffel und den gehackten Thymian unterheben, pfeffern und leicht salzen. Kalt stellen und zwischen Backpapier mit einem Wellholz dünn ausrollen.

2. Den Steinbutt salzen und in Distelöl glasig braten, dabei den Thymianzweig mit in die Pfanne geben. Darauf achten, dass der Fisch nur leicht gebräunt wird. Die Kruste in der Größe des Steinbuttfilets zuschneiden, dieses damit belegen und unter dem Grill goldbraun werden lassen.

3. Für die Sauce Noilly Prat, Portwein und gewürfelte Schalotten verrühren und um die Hälfte einkochen. Dann den Geflügelfond zugeben und wieder um die Hälfte reduzieren, die Sahne zugeben und nochmals einkochen. Mit der Gänseleberterrine und der Schokolade glatt mixen und passieren. Mit Salz und Pfeffer würzen.

4. Die Artischocken und die Maronen kochen, den Sellerie blanchieren und die Gemüse in Würfel schneiden. Das Haselnussöl mit Butter erwärmen, etwas Zucker zugeben und die Gemüse kurz anbraten, dann salzen und pfeffern, zum Schluss einige Spritzer alten Balsamico zugeben.

5. Den Fisch im tiefen Teller auf dem Gemüse platzieren, mit Gänseleber-Schokoladensauce, die noch einmal kurz aufgeschäumt wurde, umgießen und mit der Trüffelglace beträufeln.

Kabeljau in Fenchelwürze

mit Mangold-Chiffonade, Gratin von Aprikosen und Zwiebeln

Für 4 Personen

Kabeljau
4 Mittelstücke vom Kabeljaufilet (von Skrei oder aus Aquakultur)
1 kleiner Bund Estragon, fein geschnitten
Salz, Pfeffer, Distelöl
etwas Butter

100 g Butter in Würfeln, für das gesamte Gericht

Mangold-Chiffonade
8 Mangoldblätter
Salz, Pfeffer, Muskat
50 g Mandelblätter
Butter zum Braten

Gratin von Aprikosen und Zwiebeln
4 mittelgroße Zwiebeln in der Schale
grobes Meersalz
8 getrocknete Aprikosen
Weißwein, Ricard
40 ml Zitronensaft

60 g fein geriebene Briochebrösel

1. Den Estragon fein schneiden. Er wird zur Hälfte für den Fisch und zur Hälfte für das Aprikosen-Zwiebel-Gratin verwendet. Den Fisch würzen, auf der Haut in heißem Distelöl kross anbraten und im Ofen auf den Punkt, das heißt fast gar, aber noch etwas glasig, garen. Zum Schluss in frischer Butter mit der Hälfte des Estragons nachbräunen.

2. Die Mangoldblätter blanchieren, zur Chiffonade verarbeiten, mit Salz, Pfeffer und Muskat würzen und zusammen mit den Mandeln in Butter schwenken.

3. Die Zwiebeln in der Schale auf grobem Meersalz im Ofen bei 160 °C weich garen. Die Aprikosen in Weißwein und Ricard einlegen und für das Gratin in feine Würfel schneiden. Die Schale entfernen und die Zwiebeln mit Zitronensaft und den Aprikosen glatt pürieren. Zum Schluss etwas Butter und den restlichen Estragon einmixen.

4. Das Zwiebelpüree in einem tiefen Teller auslaufen lassen, mit Briochebröseln bestreuen und mit einem Bunsenbrenner rösten. Den Mangold in der Mitte des Tellers anrichten, den Fisch darauf platzieren und servieren.

Anmerkung

Chiffonade: In der Küchenpraxis versteht man unter dem Herstellen einer Chiffonade das Aufrollen von Salatblättern, die anschließend in feine Streifen geschnitten werden.

Skrei-Kabeljau: Diese Spezialität des Winters ist in den Monaten Januar bis April erhältlich. Es ist der Kabeljau, der zu dieser Zeit aus der kalten Barentsee nach Süden zu den Lofoten zieht, um dort zu laichen, und hier gleichzeitig den Beginn der Fischereisaison ankündigt.

Fleisch und Geflügel

Pfälzer Saumagensoufflé
Suprême und Croustillant von der Challans-Ente
Bliesgau-Lammrücken auf Lammhaxen-Confit
Getrüffeltes Bauernhähnchen „en demi-deuil"
Gefüllter Ochsenschwanz „à la Bordelaise"
Rehrücken in Thymian-Wacholderwürze
Boudinküchlein mit Apfelrisotto

Pfälzer Saumagensoufflé

mit gebratener Gänseleber und Spitzkohl

Für 4 Personen

Saumagensoufflé
150 g Saumagen
2 Eiweiß
2 EL Rosinen
2 EL Lauchwürfel
1 TL Rosmarin
2 Eigelbe
1 EL feine Weißbrotbrösel

Spitzkohl
½ Spitzkohl
Butter zum Braten

Karotten-Ingwerpüree
250 g Karotten
Gemüsefond
Ingwer, gemahlen

Gänseleber
4 Scheiben Gänsestopfleber à 50 g
Mehl
Öl zum Braten

Madeirajus
100 ml Kalbsjus, mit Madeira verfeinert

4 Scheiben luftgetrockneter Schinken, knusprig gebraten

1. Die Saumagen-Masse würfeln und in der Küchenmaschine zerkleinern. Das Eiweiß zu Schnee schlagen, die Rosinen in Apfelsaft einweichen, die Lauchwürfel blanchieren und den Rosmarin fein hacken. Den Saumagen mit dem Eigelb, den Bröseln, den Rosinen, dem Rosmarin und dem Lauch gut verrühren, würzen und den Eischnee unterheben. Diese Masse in 4 gebutterte und mit Bröseln ausgestreute Timbale oder Auflaufförmchen füllen und im Wasserbad bei 180 °C im Ofen 15 Minuten garen.

2. Den Spitzkohl putzen, in Streifen schneiden und in Butter schwenken.

3. Die Karotten mit wenig Gemüsefond garen, pürieren, durch ein Sieb streichen und abschmecken, den Ingwer nach Geschmack zufügen.

4. Die Gänseleber im Mehl wenden und in einer beschichteten Pfanne von beiden Seiten rosa braten.

5. Zum Anrichten auf die Teller je zwei Häufchen Spitzkohl platzieren, auf eines das Soufflé, auf das andere die Gänseleber setzen. Das Karottenpüree mit einem Spritzbeutel auf den Teller dressieren, den Knusperschinken einstecken. Die Sauce angießen und servieren.

Suprême und Croustillant von der Challans-Ente

mit gegrillter Szechuan-Ananas und Jus mit Café Arabica

1. Die Entenbrüste salzen, pfeffern und rosa braten. Die Entenkeulen auslösen, die Karkassen für den Jus aufheben, schmoren, fein würfeln und im Schmorfond zu einem Confit verkochen. Die Entenleber würfeln, die Bohnen blanchieren und würfeln und die Apfelwürfel in Butter mit Zucker karamellisieren.

2. Das Enten-Confit mit gewürfelter Entenleber, dicken Bohnen und Apfelwürfeln vermischen, das Eigelb, den Grieß und den fein gehackten Thymian zugeben, würzen und noch einmal gut vermengen. Die Brikteig-Blätter mit Eiweiß bestreichen, mit der Entenmasse belegen und zu Frühlingsrollen formen. Knusprig ausbacken.

3. Die Ananas schälen, in Scheiben schneiden und gleichmäßig ausstechen, den inneren Strunk ebenfalls ausstechen. Mit Szechuan-Pfeffer aus der Mühle würzen und grillen.

4. Die Kaffeebohnen in Butter angehen lassen, mit Portwein ablöschen und mit dem Entenjus aufgießen. Um die Hälfte reduzieren, passieren und mit Butter binden.

5. Aus dem Rotkohl und den Zwiebeln ein sämiges Gemüse herstellen und mit Balsamico würzen.

6. Zum Anrichten: Entenbrust auf der Ananas anrichten, die Enten-Croustillants auf dem Rotkohl-Zwiebelgemüse. Mit dem Bohnenpüree garnieren und mit der Sauce umgießen.

Für 4 Personen

Suprême[1] von der Ente
4 Challans[2]-Entenbrüste

Enten-Confit
4 Challans-Entenkeulen
50 g Entenstopfleber
50 g dicke Bohnen
50 g Apfelwürfel
1 Eigelb
40 g Polentagrieß
1 TL Thymian
4 Brikteig-Blätter
2 Eiweiß

Ananas
1 Baby-Ananas
10 g Szechuan-Pfeffer

Arabicajus
10 g Café Arabica-Bohnen
60 ml Portwein, rot
200 ml Entenjus, aus den Karkassen hergestellt

Rotkohl-Zwiebelgemüse
¼ Rotkohl
2 Zwiebeln
Apfelsaft, Butter
Salz, Pfeffer, Zucker
Nelken gemahlen

Bohnenpuree
Aus ca. 200 g gekochten dicken Bohnen ein Püree herstellen.

Butter, Salz, Pfeffer, Öl zum Braten

1) Als Suprême bezeichnet man bei Geflügel das ausgelöste Brustfilet mit Haut und dem Oberknochen des Flügels.

2) Challans ist der Hauptort des französischen Kantons Challans im Département Vendée in der Region Pays de la Loire.

Bliesgau-Lammrücken auf Lammhaxen-Confit

mit Bohnen-Mélange und Thymian-Senfsoße

Für 4 Personen

Lammhaxen-Confit
(muss am Vortag vorbereitet werden)
2 Lammhaxen
Schmorgemüse
Lammfond
etwas Mehl
Butter und Olivenöl zum Braten

Lammrücken
4 Lammrückenstränge à 120 g
(mit Fettschicht)
etwas Rosmarin und Thymian
1 Knoblauchzehe mit Schale
200 ml Lammjus
1–2 TL Dijon-Senf
Thymian

Bohnenpüree
200 g Bohnenmischung
aus breiten Bohnen,
dicken und weißen Bohnen
1 ganze Knoblauchzehe,
2 Schalotten
etwas Knoblauch, fein gewürfelt
Butter zum Dünsten
Rosmarin, Thymian
Salz, Pfeffer

Püree von weißen Bohnen
Oliventapenade

1. Am Vortag die Lammhaxen mit Wurzelgemüse und Lammfond zu einem Confit einkochen. Den Lammhaxen-Confit warm auf ein Blech mit ca. 1 cm Kantenhöhe streichen, erkalten lassen und am Tag der Zubereitung pro Person 2 Rechtecke ausstechen. Diese Confit-Scheiben mit etwas Mehl bestäuben und in etwas Olivenöl und Butter von beiden Seiten anbraten.

2. Den Lammrücken auf der Fettseite knusprig anbraten, auf der anderen Seite mit Rosmarin, Thymian und der ganzen Knoblauchzehe bei 120 °C im Ofen rosa fertig garen. Den Lammjus währenddessen erhitzen und mit Senf und Thymian nach Geschmack würzen.

3. Die einzelnen Bohnen je nach Sorte vorbereiten also kochen oder blanchieren, ebenso die Knoblauchzehe blanchieren. Von den weißen Bohnen etwas mehr kochen und einen kleinen Teil beiseite stellen, sie werden als Püree verwendet. Die Bohnen würfeln. Die Bohnenmelange mit den fein gewürfelten Schalotten und etwas klein gewürfeltem Knoblauch in Butter andünsten, mit gehacktem Thymian und Rosmarin würzen, salzen, pfeffern. Die weißen Bohnen zu Püree zerdrücken, glatt rühren und ebenso etwas Knoblauch untermengen. Die Bohnenmelange mit etwas weißem Bohnenpüree binden.

4. Zum Anrichten die Bohnenmischung mit Hilfe der rechteckigen Ausstecher in der gleichen Größe auf dem Lammhaxen-Confit anrichten, darauf jeweils eine dicke Tranche des Lammrückens platzieren (2 pro Person). Mit der Lammjus umgießen und mit weißem Bohnenpüree und Tapenade garnieren.

Getrüffeltes Bauernhähnchen „en demi-deuil"

mit kleiner Lauchvariation

Für 4 Personen

Bauernhähnchen
2 Bauernhähnchen
gewässertes Schweinenetz
Salz, Pfeffer, Muskatnuss
Öl zum Braten
Butter

4 mittelgroße Wintertrüffel
160 g Lauchwürfel, blanchiert
(Diese beiden Zutaten werden an verschiedenen Stellen verarbeitet)

Ravioli
250 g doppelfriffiges Mehl
2 Eier
2 Eigelbe
2 EL bestes Olivenöl
Salz
100 g Poulardenfarce

Trüffelsauce
40 ml Portwein, rot
20 ml Madeira
40 ml Trüffeljus (gute Qualität aus dem Glas)
200 ml dunkler Geflügelfond
50 g Butter

Bouillonkartoffeln
2 große Kartoffeln
1 Schalotte, fein gewürfelt
Geflügelfond hell
Salz, Peffer, Muskatnuss

Schnittlauchöl
2 Bund Schnittlauch
250 ml Traubenkernöl

1. Die Bauernhähnchen zerlegen und dabei die Brust sorgfältig mit der Haut auslösen. Die Karkassen für einen dunklen Geflügelfond aufbewahren. Bei der Hähnchenbrust die Haut zurückschlagen, die Brust mit einem Drittel der Trüffel, in feine Scheiben gehobelt, großzügig belegen. Nun die Haut über die Trüffelscheiben klappen, die Brust salzen und pfeffern und im gut gewässerten und trocken getupften Schweinenetz einschlagen. In Öl von allen Seiten anbraten und bei niedriger Temperatur von etwa 120 °C ca. 20 Minuten ofenfertig garen.

2. Ravioli: Aus den angegebenen Zutaten einen Nudelteig kneten, in Frischhaltefolie einschlagen und eine halbe Stunde ruhen lassen. Danach den Teig dünn ausrollen, mit Eigelb bestreichen, Farce aufsetzen, mit einer zweiten Teigplatte belegen und rund ausstechen. Die Farce wie gewohnt in der Küchenmaschine aus dem Fleisch der Keule mit Sahne, Salz und Pfeffer herstellen, mit dem zweiten Drittel der Trüffel, gewürfelt, und 40 g Lauchwürfeln verfeinern. Den Nudelteig mit Eigelb bestreichen und zu Ravioli formen. Die übrigen Ravioli lassen sich gut einfrieren.

3. Den zweiten Teil der Trüffelwürfel mit Portwein, Madeira und Trüffelfond um die Hälfte einkochen, mit dem Geflügelfond auffüllen, nochmals um die Hälfte reduzieren und mit Butter binden.

4. Für die Bouillonkartoffel die Kartoffeln würfeln und mit Schalotten, Geflügelbrühe und dem dritten Teil der Trüffel zu Bouillonkartoffeln verarbeiten. Mit Salz, Pfeffer und Muskat würzen.

5. Schnittlauchöl: Schnittlauch fein schneiden und im Mixer mit Traubenkernöl fein pürieren.

6. Zum Anrichten die Hähnchenbrust tranchieren, auf dem restlichen, in Butter geschwenkten Lauch platzieren, zusammen mit den blanchierten und gebutterten Ravioli und den Bouillonkartoffeln servieren. Mit der Trüffeljus und Schnittlauchöl garnieren.

Gefüllter Ochsenschwanz „à la Bordelaise"

Für 4 Personen

Muss z.T. am Vortag vorbereitet werden

3 kg Ochsenschwanz (Rohgewicht)
500–600 g Wurzelgemüse (Karotten, Sellerie, Lauch, Zwiebeln, Knoblauch)
Salz, Pfefferkörner
Wacholderbeeren
Lorbeerblatt
Thymian
1 EL Tomatenmark
500 ml Bordeaux
500 ml Rinderbrühe
80 g Butter

2 Schalotten
2 Scheiben Räucherspeck
1 Bund Petersilie
200 g Rindermark
1 Schweinenetz, gut gewässert
200 ml Schmorfond vom Ochsenschwanz
200 g Weißbrot
150 g Eier
Salz, Pfeffer
Muskat
20 glacierte Perlzwiebeln
20 glacierte Karottenstücke
4 Scheiben getrockneter Speck
frittierte Blattpetersilie

1. Am Vortag den Ochsenschwanz mit dem Wurzelgemüse, den Aromaten, dem Bordeaux, der Rinderbrühe und den Gewürzen weich schmoren, vom Knochen lösen und in eine Kastenform pressen. Diese über Nacht kühl stellen. Den Schmorfond vom Ochsenschwanz passieren, abschmecken und mit Butter verfeinern.

2. Die Schalotten fein und den Speck mittelgrob würfeln, in einer Pfanne andünsten, würzen und die fein gehackte Petersilie zugeben. Das Rindermark wässern, säubern und grob schneiden. Alle Zutaten mit dem entrindeten und gewürfelten Weißbrot vermengen, Eier zugeben, mit Salz, Pfeffer und Muskat würzen und nochmals durchrühren. Durch die feine Scheibe des Fleischwolfs drehen und kalt stellen.

3. Den Ochsenschwanz aus der Form stürzen, in 1 cm breite Scheiben schneiden. Aus der Markmasse Klößchen in der Größe eines Golfballes formen und mit den Ochsenschwanzscheiben ummanteln. Fest zusammendrücken und in ein Schweinenetz einschlagen. In einem Tuch nochmals fest zusammendrücken und dann in einer heißen Pfanne von allen Seiten anbraten. Trocken tupfen und in einer Kasserolle mit Schmorfond vom Ochsenschwanz begießen und im Ofen warm schmoren, dabei mehrmals wenden, bis die Kugeln schön glaciert sind.

4. Die Perlzwiebeln und die Karotten jeweils in Butter mit Zucker oder Honig glacieren, mit Salz und Pfeffer abschmecken. Den Speck in dünnen Scheiben auf ein Backblech legen, mit einem zweiten Blech beschweren und unter Oberhitze so lange trocknen, bis er knusprig ist.

5. Zum Anrichten alles mit dem passierten und fertig gestellten Schmorfond begießen und mit Perlzwiebeln und Karotten garnieren. Die getrockneten Speckscheiben anlegen und mit frittierter Petersilie bestreuen.

Rehrücken in Thymian-Wacholderwürze

mit Minestrone von Trockenfrüchten, Tonkabohne und Räucheraal

1. Die Rehjus mit Orangensaft und Portwein sirupartig einkochen. Den Rehrücken mit fein gehacktem Thymian, fein zerdrückten Wacholderbeeren, Salz und Pfeffer würzen, in Distelöl anbraten, mit dem Sirup einpinseln und in Klarsicht- und Alufolie fest einrollen. Im Wasserbad rosa garen, ohne zu kochen.

2. Den Kohlrabi in 8 lange Stifte von 1 cm x 7 cm schneiden, blanchieren und in Butter schwenken.

3. Für die Minestrone die Rehconsommé aufkochen, die Tonkabohne, den Sternanis, und den Thymian darin ca. 30 Minuten ziehen lassen. Die Aprikosen, Pflaumen, Sultaninen und Datteln fein würfeln. Die Gewürze entfernen und alle Früchte und den blanchierten und fein geschnittenen Knoblauch zugeben. Nochmals 30 Minuten ziehen lassen, mit etwas Pfeilwurzelmehl bis zu einer eintopfartigen Konsistenz binden. Den Aal und die Maronen würfeln und zum Schluss hinzufügen. Mit Balsamico und Madeira verfeinern.

4. Das Reh schräg in zwei Tranchen schneiden und auf die Kohlrabistifte setzen. Die Minestrone in kleine Schälchen mit auf den Teller stellen, da diese als Beilage und zugleich als Sauce dient. Als Beilage empfehle ich frische Steinpilze sowie, wenn man eine Sättigungsbeilage möchte, rohe Kartoffelstäbchen, in Gänsefett frittiert und mit Fleur de Sel und Blattpetersilie gewürzt.

Für 4 Personen

Rehrücken
4 Rehrückenstränge à 120 g
4 EL Rehjus
2 EL Orangensaft
30 ml roter Portwein
1 EL Thymian
1 TL Wacholderbeeren
Salz und Pfeffer, Distelöl

1 Kohlrabi

Minestrone
250 ml Rehconsommé
1 Tonkabohne
1 Sternanis
1 Zweig Thymian
2 EL getrocknete Aprikosen
2 EL getrocknete Pflaumen
20 Sultaninen
2 EL getrocknete Datteln
1 kleine Knoblauchzehe
Pfeilwurzelmehl
40 g Räucheraal
4 gekochte Maronen
1 EL alter Balsamico-Essig
1 EL Madeira

Steinpilze
frittierte Kartoffelstäbchen
Gänsefett
Blattpetersilie

Boudinküchlein mit Apfelrisotto

Für 4 Personen

Boudinküchlein
300 g Boudin (magere, französische Blutwurst)
2 Eigelbe
50 g Maisgrieß
Mehl
Distelöl zum Braten

Risotto
140 g Risottoreis
1 Schalotte, fein gewürfelt
100 ml Apfelwein
1 Knoblauchzehe
1 frisches Lorbeerblatt
400 ml heller Geflügelfond
Abrieb einer ½ Zitrone
1 Apfel
100 g Butter
25 g Bergkäse, gerieben
Salz, Pfeffer, Zucker

100 ml Kalbjus, mit etwas Portwein und Salbei parfümiert

1. Die Blutwurst ohne Haut fein mixen, Eigelb und Grieß zugeben, eventuell nachwürzen. Die Blutwurstmasse etwa 1,5 cm hoch auf ein mit Klarsichtfolie ausgelegtes Blech streichen und kalt stellen. Nach dem Erkalten runde Küchlein ausstechen, beidseitig in Mehl wenden und in wenig Distelöl knusprig braten.

2. Für den Risotto die Schalotte in etwas Butter andünsten, den Reis zugeben und ebenfalls ohne Farbe andünsten. Mit Apfelwein ablöschen, Knoblauch und Lorbeer zugeben und mit Geflügelfond aufgießen, bis der Reis gerade bedeckt ist. Langsam köcheln lassen, dabei immer wieder umrühren und mit Brühe auffüllen. In der Zwischenzeit den Apfel schälen und in Würfel schneiden und mit wenig Butter und Zucker in einer beschichteten Pfanne anbraten. Kurz vor Ende der Garzeit die Äpfel, Zitrone und Butter in den Risotto einrühren, abschmecken und mit dem Bergkäse binden.

3. Zum Anrichten den Risotto auf einen vorgewärmten Teller geben, die gebackenen Boudinküchlein anlegen, je nach Belieben mit Apfelkugeln und gebratenen Salbeiblättern garnieren und mit dem Kalbsjus umgießen.

Gemüse

Sauté von Artischocken und grünem Spargel
Fenchel-Spaghettini mit Chili-Orangen-Coulis
Croque Monsieur von Sellerie „à la Périgourdine“
Kohlrabi-Pilzgâteau mit Koriandersabayon

Sauté von Artischocken und grünem Spargel

mit Morcheln und Parmesan-Velouté

Für 4 Personen

Sauté von Artischocken, grünem Spargel und Morcheln

20 Stangen grüner Spargel
2 Artischockenböden
100 g Morcheln
Haselnussöl
Zucker
60 ml alter Balsamico-Essig
200 ml Geflügelfond
100 g Butter
Salz, Pfeffer

Velouté von Parmesan

2 Schalotten, in Würfel geschnitten
50 g Butter
10 ml Weißwein
250 ml Geflügelfond
250 ml Sahne
1 EL Crème fraîche
30 g geriebener Parmesan
Salz, Muskat
etwas Zitronensaft

1. Den Spargel knackig blanchieren. Die Artischockenböden kochen und die Morcheln einweichen und ausdrücken. Die Gemüse und Morcheln in nicht zu kleine, gleich große Stücke schneiden, in Haselnussöl mit ca. 30 g Butter in einer beschichteten Pfanne schnell anbraten, mit etwas Zucker karamellisieren und mit Balsamico ablöschen, den Geflügelfond zugeben, etwas einkochen, dabei mehrmals schwenken und mit der restlichen Butter glacieren. Mit Salz und Pfeffer würzen.

2. Für die Velouté die Schalotten in Butter glasig anschwitzen, mit dem Weißwein ablöschen, mit dem Geflügelfond auffüllen und um die Hälfte einkochen. Dann die Sahne zugeben, noch mal einreduzieren, bis eine suppenähnliche Konsistenz entstanden ist. Mit Salz, Muskat und etwas Zitronensaft abschmecken und mit Crème fraîche und Parmesan mixen, dann passieren.

3. In einem leicht tiefen Teller das Sauté anrichten und die Velouté in einem extra Schälchen dazu servieren. Dazu passen warme Kartoffelchips.

Fenchel-Spaghettini mit Chili-Orangen-Coulis

und Kerbelöl

Für 4 Personen

200 g Spaghettini (selbst gemacht oder gekauft von guter Qualität)

Fenchelcreme
1 Fenchelknolle
2 Schalotten
50 g Butter
2 g Fenchelsamen
10 ml Weißwein
250 ml Geflügelfond
250 ml Sahne
1 EL Crème fraîche
1 Limette
Salz, Pfeffer, Zucker

Chili-Orangen-Coulis
1 EL Zucker
20 ml weißer Balsamico-Essig
Saft von 2 Orangen
50 g Butter
1 Chilischote
Salz

Kerbelöl
1 Bund Kerbel
bestes Olivenöl

1. Die Spaghettini bissfest kochen und abschütten. Sie sollten frisch und heiß serviert werden.

2. Den Fenchel waschen, in kleine Stücke schneiden und mit den klein geschnittenen Schalotten in Butter andünsten. Den Fenchelsamen zugeben und mit Weißwein ablöschen. Mit dem Geflügelfond aufgießen, 10 Minuten köcheln lassen, dann die Sahne zugeben und nochmals kochen lassen. Mit Crème fraîche und Limettensaft pürieren, passieren und würzen.

3. Den Zucker karamellisieren, mit Balsamico und Orangensaft ablöschen, um die Hälfte einkochen, mit Butter binden, leicht salzen und den blanchierten und fein gewürfelten Chili zugeben. Den Kerbel zupfen und mit dem Olivenöl sehr fein mixen.

4. Die Spaghettini bissfest kochen, abschütten und heiß mit der Fenchelcreme mischen. Auf einer Gabel aufdrehen, im tiefen Teller anrichten, mit dem Orangen-Coulis umgießen und mit Kerbelöl beträufeln.

Croque Monsieur von Sellerie „à la Périgourdine"

Für 4 Personen

1 Sellerieknolle
1 l Gemüsebrühe zum Blanchieren
1 Périgord-Trüffel
8 Scheiben Comté
Mehl
2 Eier
80 ml Sahne
geriebenes Weißbrot ohne Rinde
Öl zum Braten
Salz, Pfeffer
100 ml Sahne
20 g Butter

1. Den Sellerie in 0,5 cm dicke Scheiben schneiden und in Gemüsebrühe leicht bissfest garen. Mit einem Metallring 12 Scheiben von 7 cm Durchmesser ausstechen, die Abschnitte in Würfel schneiden. Jetzt 4 Scheiben nochmals mit einem Metallring von 5 cm Durchmesser ausstechen, den verbleibenden äußeren Ring aufbewahren, das Innere ebenfalls in Würfel schneiden. Die Käsescheiben ebenfalls mit dem 5-cm-Ring ausstechen.

2. Den Trüffel in Scheiben hobeln, ein Viertel davon in Würfel schneiden. Nun eine Selleriescheibe leicht salzen, mit einem Selleriering belegen und in den inneren Hohlraum eine Scheibe Comté, dann gehobelten Trüffel und wieder Comté legen. Mit einer zweiten Selleriescheibe abdecken und nochmals salzen. In Mehl wenden, durch das mit der leicht geschlagenen Sahne vermischte Ei ziehen und in den Bröseln panieren.

3. Die flüssige Sahne mit den Trüffelwürfeln um die Hälfte einkochen, die Selleriewürfel zugeben, nochmals einkochen, würzen und mit Butter binden.

4. Die Croque Monsieur knusprig ausbacken und mit dem Sellerieragout anrichten. Als weitere Beilage empfehle ich Staudensellerie, in Tempurateig ausgebacken, sowie Selleriepüree und etwas Trüffelsauce.

Kohlrabi-Pilzgâteau mit Koriandersabayon

und Espresso-Walnuss-Tapenade

Für 4 Personen

Kohlrabi-Pilzgâteau
4–5 mittelgroße Kohlrabi
600 g Pilze (Shiitake, Austernpilze, Champignons)
Butter
200 ml Sahne
3 Eier
Salz, Pfeffer

Sabayon
2 Schalotten, gewürfelt
400 ml Madeira
½ Bund Koriander
3 Eigelbe
1 Ei
Salz

Espresso-Walnuss-Tapenade
30 g eingelegte schwarze Walnüsse
1 Espresso
5 geröstete Espressobohnen
Walnussöl
Salz

1. Für die Zubereitung benötigt man 4 Metallringe mit 6,5 cm Durchmesser und 5 cm Höhe. Die Ringe mit Butter ausfetten, auf ein Blech mit Backpapier setzen.

2. Die Kohlrabi in etwa 5 mm dicke Scheiben schneiden, blanchieren und in der Größe der Metallringe ausstechen. Die Pilze fein würfeln und in etwas Butter anbraten. Die Sahne um die Hälfte einkochen, erkalten lassen und mit den Eiern und den Pilzen mischen, würzen. Je eine Kohlrabischeibe in die Ringe legen, Füllung daraufgeben, nochmals Kohlrabi darauflegen, und so lange fortfahren, bis 5 Schichten Kohlrabi und Pilze aufeinandergeschichtet sind. Im Ofen bei 160 °C ca. 10 Minuten garen. Dann den Ring vorsichtig entfernen.

3. Für den Sabayon den Madeira mit Schalotten und Koriander auf 200 ml reduzieren, passieren und mit den Eiern zu einem Sabayon aufschlagen, mit Salz würzen.

4. Für die Walnuss-Tapenade alle Zutaten im Mixer zu einer glatten Creme pürieren.

5. Die Törtchen mittig auf einen Teller setzen, mit dem Sabayon umgießen und mit der Tapenade garnieren.

Desserts

Kürbis auf Sablé Provençal mit Kürbissorbet
Mousse von der Tahiti-Vanille im Strudelteig
Warmer Schokoladenkuchen
Pfirsich-Clafoutis mit Rosmarin-Panna Cotta
Pistazien-Dacquoise und dreierlei Mandeln
Birnen-Tarte Tatin, Gelee und Eis von Süßholz
Rostiger Ritter mit Mango

Kürbis auf Sablé Provençal mit Kürbissorbet

Für 4 Personen

Kürbissorbet
250 g Kürbis
35 g Trockenglukose
100 g Zucker
100 g Wasser
25 g Limettensaft
2 Blatt Gelatine

Sablé* Provençale
40 g Eigelb
80 g Zucker
80 g weiche Butter
115 g Mehl
5 g Backpulver
3 g Provence-Kräuter

Karamellisierter Kürbis
100 g Zucker
50 g Wasser
200 g Kürbis
etwas Limettensaft

* Sablés sind für die Franzosen, was bei uns das Sandgebäck ist.

1. Den Kürbis schälen, klein schneiden und mit allen Zutaten außer Gelatine weich kochen. Dann pürieren und die eingeweichte Gelatine zugeben, in der Eismaschine zu einem Sorbet gefrieren lassen.

2. Die Eigelbe und den Zucker schaumig schlagen und die weiche Butter zugeben. Das Mehl mit Backpulver und den Provence-Kräutern mischen und unter die Eigelb-Butter-Mischung ziehen. Den Teig etwa 1 cm dick ausrollen und bei 180 °C für etwa 12 Minuten backen. Etwas auskühlen lassen und ca. 5,5 cm große, runde Sablés ausstechen.

3. Den Zucker mit dem Wasser zu Karamell kochen, dünn auf Backpapier gießen und fest werden lassen. Mit dem Rollholz walzen und in kleine Backförmchen von etwa 6 cm Durchmesser geben. Den Kürbis in Würfel von 0,5 cm schneiden, mit etwas Limettensaft marinieren und in die Förmchen füllen. Im Ofen bei ca. 180 °C ca. 20 Minuten weich backen.

4. Den Sablé in die Mitte eines Tellers geben, mit Hilfe eines Metallringes den Kürbis auf den Sablé dressieren und glatt streichen. Ring entfernen und eine Nocke Kürbissorbet darauf platzieren. Mit Kürbischips und karamellisierten Kürbisperlen sowie Minze garnieren.

Mousse von der Tahiti-Vanille im Strudelteig

mit Himbeerconfit und Karamelleis

1. Die Eigelbe mit Zucker und Vanille im Wasserbad schaumig rühren und die kalt eingeweichte Gelatine darin auflösen. Die flüssige weiße Kuvertüre einrühren, dann die geschlagene Sahne unterheben und kalt stellen.

2. Das Strudelteigblatt halbieren. Die eine Hälfte mit Butter bestreichen und mit einem Sieb Puderzucker dünn aufstreuen. Die zweite Hälfte andrücken und ebenfalls mit Butter bestreichen und abpudern. In 7,5 cm x 3 cm große Rechtecke schneiden und zwischen zwei Silikon-Backmatten 6–8 Minuten bei 180 °C goldbraun backen. Der Puderzucker muss karamellisieren.

3. Von den Himbeeren acht beiseite stellen für die Dekoration. Den Zucker und das Pektin vermischen und zu den restlichen Zutaten geben. Unter Rühren bis 106 °C kochen, durch ein Sieb passieren und kalt stellen.

4. Den Zucker mit Wasser und Glucosesirup zu einem honigfarbenen Karamell kochen, mit der Sahne ablöschen, aufkochen und mit den Eigelben im Wasserbad zur Rose abziehen. Erkalten lassen und in der Eismaschine gefrieren.

5. Mit einem Spritzbeutel und einer Lochtülle (Größe 10) 2 Streifen Vanillemousse auf ein Strudelblatt dressieren, mit einem weiteren Strudelblatt abdecken und das Vorherige wiederholen. Auf das oberste Strudelblatt eine kleine Nocke vom Vanillemousse setzen.

6. Die gefüllten Strudelblätter auf einem quadratischen Teller auf die linke hintere Hälfte platzieren, rechts davon gehackte Pistazien streuen. Auf die vordere Hälfte mit einem Spritzbeutel einen Streifen Himbeerconfit ziehen, auf jede Seite eine Himbeere setzen. Eine Nocke Karamelleis auf die Pistazien geben. Falls vorhanden, mit einer Zuckerspirale oder einem Schokoblatt und Minze garnieren.

Für 4 Personen

Mousse von der Tahiti-Vanille
2 Eigelbe
10 g Zucker
1 Tahiti-Vanilleschote
1,5 Blatt Gelatine
150 g weiße Kuvertüre
350 g Sahne

Karamellisierte Strudelblätter
1 TK Strudelteigblatt 40 cm x 40 cm
50 g flüssige Butter
50 g Puderzucker

Himbeerconfit
300 g Himbeeren
150 g Zucker
3 g Pektin
¼ Vanilleschote
50 g Glucosesirup

Karamelleis
120 g Zucker
60 g Wasser
20 g Glucosesirup
½ l warme Sahne
8 Eigelbe

gehackte Pistazien
Zuckerspirale, Schokoblatt
und Minze zum Dekorieren

Warmer Schokoladenkuchen

mit glacierter Banane und Bananeneis

Für 4 Personen

Warmer Schokoladenkuchen
65 g Butter
65 g dunkle Kuvertüre
mit 64 % Kakaoanteil
1 Ei
2 Eigelb
35 g Zucker
15 g Mehl

Bananeneis
150 g reife Bananen
200 g Naturjoghurt
50 g flüssige Sahne
40 g Puderzucker
Saft einer ½ Zitrone
1 Blatt Gelatine

Glacierte Banane
85 g Zucker
15 g Glucosesirup
40 g Wasser
50 g Wasser
2 Bananen

Kakaonougatine
20 g Milch
50 g Butter
20 g Glucosesirup
50 g Zucker
1 g Pektin
60 g gehackte Kakaobohnen

Minzespitzen zum Garnieren

1. Die Butter und die Kuvertüre jeweils schmelzen. Das Ei mit dem Eigelb und dem Zucker leicht schaumig schlagen. Die Butter und die Kuvertüre unterrühren, zum Schluss das Mehl unterheben. In 4 gebutterte Porzellan-Espressotassen füllen und ca. 2 Stunden kalt stellen. Im Ofen bei 190 °C ca. 12–13 Minuten backen. Die Oberfläche der Kuchen soll nicht einreißen. Etwa 5 Minuten stehen lassen, dann aus der Tasse stürzen.

2. Alle Zutaten außer der Gelatine mixen. Die eingeweichte Gelatine auflösen und unterrühren. Das Ganze in der Eismaschine gefrieren.

3. Aus Zucker, Glucose und dem ersten Teil Wasser einen Karamell kochen, mit dem zweiten Teil Wasser ablöschen und aufkochen lassen. Die Bananen in dünne Scheiben schneiden und mit dem Karamell in einer Pfanne vorsichtig glacieren.

4. Die Milch mit Butter und Glucose auf 40–45 °C erwärmen. Den Zucker mit dem Pektin vermischen und zu den übrigen Zutaten geben, bis 106 °C kochen. Gehackte Kakaobohnen unterheben, dann die Masse zwischen 2 Silikonmatten mit dem Rollholz dünn ausrollen. Die dünn ausgerollte Nougatinemasse bei 180 °C backen. Nach dem Backen mit einem Ausstecher von 5 cm Durchmesser ausstechen.

5. Die glacierten Bananenscheiben in einem Ring von ca. 9 cm Durchmesser als Rosette auf einem runden Teller anrichten. Darauf den warmen Schokoladenkuchen platzieren. Auf den Schokoladenkuchen eine Kakaonougatine mit einer Nocke Bananeneis setzen. Mit einer Minzespitze garnieren.

Pfirsich-Clafoutis mit Rosmarin-Panna Cotta

und Joghurteis

1. Alle Zutaten bis auf die Pfirsiche verrühren und ca. 1 Stunde ruhen lassen. Die Pfirsiche in kochendem Wasser blanchieren und dann die Haut abziehen. Die Clafoutismasse in 4 gebutterte und gezuckerte Backringe von 7 cm Durchmesser und 4 cm Höhe zu etwa einem Drittel der Höhe einfüllen. Die Pfirsiche achteln und je Clafoutis 4 Pfirsichspalten einlegen. Im Ofen bei 190 °C etwa 14–15 Minuten backen. Nach dem Backen 5 Minuten stehen lassen und dann aus dem Ring schneiden.

2. Alle Zutaten außer der Gelatine 10 Minuten köcheln lassen und passieren. Die eingeweichte Gelatine unterrühren und dann die Masse auf ein kleines, mit Folie ausgelegtes Blech gießen.

3. Den Joghurt mit Zucker und Zitronensaft und abgeriebener Schale mischen, dann die eingeweichte Gelatine auflösen und in die Joghurtmasse einrühren, frieren.

4. Das Clafoutis mit etwas Puderzucker bestäuben und auf die linke Seite eines quadratischen Tellers setzen. Das Panna Cotta in 7 cm x 3 cm große Rechtecke schneiden und rechts vor dem Clafoutis platzieren, darauf eine Nocke Joghurteis setzen. Mit etwas Vanillesauce und Schokoladenspirale dekorieren.

Für 4 Personen

Clafoutismasse*
125 g Sahne
1 Ei
1 Eigelb
45 g Zucker
15 g Mehl
1 Prise Salz
1 Messerspitze Vanillemark
40 g Mandelgrieß

2 reife Pfirsiche

Rosmarin-Panna Cotta
150g Sahne
10g Zucker
Saft und Abrieb von einer unbehandelten Limette
1 EL Rosmarin, fein gehackt
1 Blatt Gelatine

Joghurteis
500 g Joghurt
140 g Zucker
Saft und Abrieb von einer unbehandelten Zitrone
1 Blatt Gelatine

etwas Puderzucker zum Bestäuben
etwas Vanillesoße
Schokoladenspiralen

* Ein Clafoutis ist eine klassische französische Nachspeise, die eine Konsistenz zwischen Pudding und Kuchen hat.

Pistazien-Dacquoise und dreierlei Mandeln

Für 4 Personen

Pistazien-Dacquoise
75 g Eiweiß, 25 g Zucker
10 g Pistazienmark
10 g Mehl
15 g gehackte Pistazien
55 g Mandelgrieß
70 g Puderzucker
Backform 20 cm x 20cm

Pistazien-Bayrisch Creme
170 g Milch
40 g Pistazienmark
35 g Zucker, 60 g Eigelb
2 Blätter Gelatine
5 g Kirschwasser
180 g geschlagene Sahne

Mandeleis
500 ml Sahne, 50 g Mandelmark
125 g Zucker, 8 Eigelbe
40 ml Amaretto

Mandel-Crème brûlée
200 g Sahne, 40 g Mandelmilch
30 g Zucker, 20 g Mandelmark
3 Eigelbe

Mandelmousse
20 g gehobelte Mandel
1 Eigelb, 10 g Zucker
75 g Mandelmark
75 g weiße Kuvertüre
1 Blatt Gelatine
175 g geschlagene Sahne

Pistazienknusperblatt
25 g weiche Butter
50 g Puderzucker
20 g Orangensaft
15 g gehackte Pistazien
15 g Mehl

etwas brauner Zucker
zum Karamellisieren

1. Für die Dacquoise Eiweiß und Zucker zu Schnee schlagen. Alle restlichen Zutaten außer dem Pistazienmark vermischen. Etwas Eischnee zum Pistazienmark geben und unterrühren. Alle Zutaten unter den Eischnee heben und in die mit Backpapier ausgelegte Form geben. Bei 170 °C und geöffneter Ofentür 25 Minuten backen.

2. Für die Bayrisch Creme Milch mit Pistazienmark und Zucker aufkochen, mit Eigelb im Wasserbad zur Rose abziehen und kalt werden lassen. Dann die Gelatine mit dem Kirschwasser einrühren. Zum Schluss geschlagene Sahne unterheben. In die Form auf den Dacquoiseboden füllen und kalt stellen.

3. Für das Mandeleis die Sahne mit Mandelmark und Zucker aufkochen, mit den Eigelben im Wasserbad zur Rose abziehen, den Amaretto dazugeben und kalt werden lassen. In der Eismaschine zu Eis gefrieren. Für die Crème brûlée alle Zutaten außer den Eigelben aufkochen, die Eigelbe einrühren und dann die Masse in kleine Porzellanschälchen gießen. Im Wasserbad im Ofen bei 130 °C 30 Minuten pochieren. Für das Mandelmousse die Mandeln leicht rösten und zwischen den Händen etwas kleiner reiben. Das Eigelb mit Zucker und Mandelmark im Wasserbad schaumig schlagen, darin die eingeweichte Gelatine auflösen. Die flüssige weiße Kuvertüre einrühren, dann die geschlagene Sahne und die Mandeln unterheben und kalt stellen.

4. Für das Knusperblatt alle Zutaten verrühren und kalt stellen. Die Masse mit einer Palette dünn auf ein mit Backpapier ausgelegtes Backblech aufstreichen und bei 170 °C goldbraun backen. Noch warm in 7,5 cm x 3 cm große Rechtecke schneiden. Die Mandel-Crème brûlée mit braunem Zucker bestreuen und mit dem Bunsenbrenner karamellisieren. Die Dacquoise in 7,5 cm x 3 cm große Stücke schneiden, jeweils 1 Pistazienknusperblatt auflegen.

5. Auf einem rechteckigen Teller die Komponenten anrichten. Von vorne nach hinten eine Nocke Mandelmousse, dahinter die Pistazien-Dacquoise, dann die Mandel-Crème brûlée und zum Schluss hinten eine Nocke Mandeleis platzieren. Mit einigen Streifen Mandelsauce und einer Karamell-Mandel dekorieren.

Birnen-Tarte Tatin, Gelee und Eis von Süßholz

Für 4 Personen

Tarte Tatin
50 g Zucker
25 g Wasser
300 g Birnenwürfel
10 g Zimtzucker
1 TK Blätterteigplatte
4 Backförmchen mit 8 cm Durchmesser

Süßholzgelee
100 g Läuterzucker
100 g Wasser
25 g Süßholzpaste
2 Blatt Gelatine

Süßholzeis
½ l Sahne
125 g Zucker
50 g Süßholzpaste
8 Eigelbe

1. Den Zucker und das Wasser zu einem Karamell kochen und in die Förmchen gießen. Die Birnenwürfel mit dem Zimtzucker vermischen, dann in die mit Karamell vorbereiteten Förmchen geben. Den Blätterteig mit einem Rollholz etwas ausrollen und mit einem runden Ausstecher von 9,5 cm Durchmesser ausstechen. Die Förmchen mit dem Blätterteig abdecken, am Rand „einpacken" und bei 190 °C ca. 15 Minuten backen.

2. Den Läuterzucker, das Wasser und die Süßholzpaste aufkochen und auskühlen lassen. Die eingeweichte Gelatine in den noch warmen Süßholzfond rühren. Auf ein kleines, mit Folie ausgelegtes Blech gießen und kalt stellen.

3. Die Sahne mit Zucker und Süßholzpaste aufkochen, zu den Eigelben gießen und im Wasserbad zur Rose abziehen. Anschließend auskühlen lassen und in der Eismaschine gefrieren lassen.

4. Die Tarte Tatin stürzen und auf einem quadratischen Teller diagonal platzieren. Das Süßholzgelee in 7 cm x 3 cm große Rechtecke schneiden, ebenfalls diagonal vor die Tarte Tatin setzen. Mit einem kleinen Eisportionierer Kugeln vom Süßholzeis auf das Gelee geben. Mit etwas Mandel- oder Vanillesauce garnieren.

Rostiger Ritter mit Mango

und Schokoladensorbet

Für 4 Personen

Mangopüree
250 g Mangofruchtfleisch
25 g Zucker
25 g Glucosesirup
¼ Vanilleschote

Mango-Brioche
35 g Milch
35 g Mangopüree
215 g Mehl
10 g Zucker
5 g Salz
65 g flüssige Butter
50 g Mangowürfel
1 Ei
1 Eigelb
15 g Hefe

Schokoladensorbet
75 g Milch
175 g Wasser
85 g Zucker
25 g Glucosesirup
15 g Kakaopulver
60 g Kuvertüre mit 70 % Kakao

Rostige Ritter mit Mango
8 Mangobrioche-Medaillons
100 ml Milch
100 g Mangopüree
2 Eiweiß
100 g Semmelbrösel oder
Biskuitbrösel

Minzeblätter zum Garnieren

1. Alle Zutaten verrühren, aufkochen, dann mit dem Mixstab pürieren und durch ein Sieb passieren. Nochmals aufkochen und ca. 5 Minuten köcheln lassen.

2. Die Milch mit dem Mangopüree erwärmen und dann mit allen Zutaten in der Küchenmaschine 8 Minuten zu einem Teig kneten. Den fertigen Teig in eine gefettete Kastenform geben und ca. 40 Minuten abgedeckt an einem warmen Ort gehen lassen. Dann bei 180 °C ca. 30–35 Minuten backen. Den Brioche auskühlen lassen und in 2 cm dicke Scheiben schneiden, mit einem Ausstecher von 5–6 cm ausstechen.

3. Alle Zutaten außer der Kuvertüre unter gelegentlichem Umrühren zum Kochen bringen, die Kuvertüre dazugeben und nochmals aufkochen lassen. Auskühlen lassen und in der Eismaschine zu einem Sorbet gefrieren.

4. Die Milch und das Mangopüree leicht erwärmen und darin die ausgestochenen Mangobrioche-Medaillons einweichen, etwas ausdrücken, durch das Eiweiß ziehen und dann mit den Bröseln panieren. Die rostigen Ritter in Butter ausbraten.

5. In einen tiefen Teller mit einem Löffel etwas Mangopüree geben. Darauf zwei rostige Ritter platzieren und daneben eine Nocke Schokoladensorbet setzen. Mit einem Minzeblatt garnieren.

REGISTER

REGISTER

Impressum

Jörg Glauben
2008 © Bibliothek der Köche für die Süddeutsche Zeitung Edition, Süddeutsche Zeitung GmbH, München

Fotografie: Bernd Grundmann
Texte: Ingo Swoboda
Rezepte: Jörg Glauben
Art Director: Eberhard Wolf
Grafik: Julia Wolf
Projektmanagement: Gabriella Hoffmann, Katinka Holupirek
Projektleitung: Dirk Rumberg

Litho: JournalMedia GmbH, München
Herstellung: Hermann Weixler, Thekla Neseker
Druck und Bindung: Holzhausen Druck & Medien GmbH, Wien

Printed in Austria
ISBN: 978-3-86615-558-9

Bibliothek der Köche

Einfach kochen wie die Besten

Sterneköche für zu Hause

Coveränderungen vorbehalten!